MEMOIRE
en Images

ALENÇON
IMAGES DU PASSÉ

Dédicaces

A la mémoire de mes parents (A. C.)
A Hervé, à Marine (Y. L.N.)

Bibliographie

Archives départementales de l'Orne : *La Belle époque à Alençon.*
Archives municipales d'Alençon :
- Annuaires de l'Orne.
- Délibérations du Conseil municipal.
- Fêtes franco-russes.
- Recensements de la population.
- Théâtre.

Brûlon Julien : La vie hospitalière et la mort à Alençon de 1676 à 1792.
Centre départemental de documentation pédagogique de l'Orne : *Alençon, ses monuments.*
Champion Alain : *Anne-Marie Javouhey.*
Champion Alain : *Histoire d'Alençon.*
Champion Alain : *Le général Leclerc.*
Champion Alain : *La libération d'Alençon.*
Champion Alain : *Inventaire des cartes postales d'Alençon.*
Dargaud Marius : *Anciens hôtels d'Alençon.*
Duval Louis : *Alençon illustré.*
Las Marie-Pierre : *La Chambre de commerce d'Alençon.*
Odolant-Desnos Pierre-Joseph : *Mémoires historiques sur la ville d'Alençon et sur ses seigneurs.*

Dessin réalisé en 1742 par Jean-Jacques Le Queu (1716-1793) dessinateur et maître de géographie alençonnais.

MEMOIRE

en Images

ALENÇON

IMAGES DU PASSÉ

Collection

Yves Le Noach

Textes

Alain Champion

ALAN SUTTON

Editions Alan Sutton
27, Quai de la Prévalaye
35000 Rennes

Première édition mars 1995

ISBN 2-910444-23-6

Dépôt légal : mars 1995
Imprimé en Grande-Bretagne par
Redwood Books Limited, Bath.

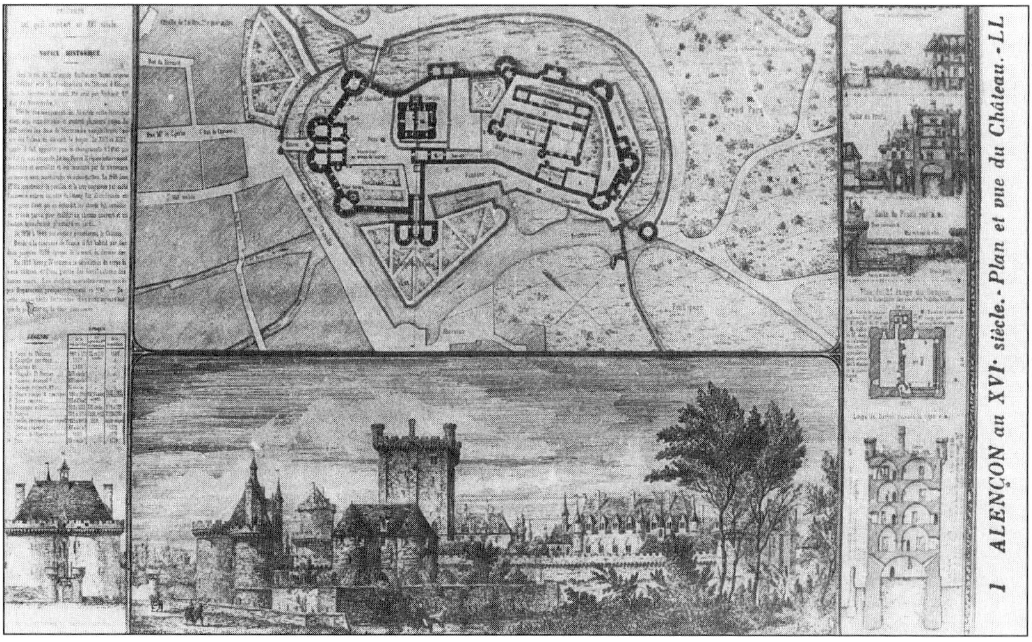

Plan levé vers 1855 par Amédée Hédin, architecte alençonnais.

Table des matières

Bibliographie 2

Remerciements 6

Un mot d'histoire 7

1. Promenade en ville 9

2. La vie économique 31

3. Les fêtes civiles et religieuses 55

4. Alençon, ville de garnison 69

5. Vie sociale, intellectuelle et artistique 77

6. Sport et santé 99

7. Les faits marquants

a) La dentelle 111

b) Sainte Thérèse de l'Enfant-Jésus 117

c) La libération d'Alençon par le général Leclerc 121

Remerciements

Toute l'iconographie provient de la collection de Monsieur Yves Le Noach à l'exception des documents suivants :

Nos 14, 109, 110, 185, 199 : Alain Champion. (Remerciements à Nicole Batereau, Gérard Béchet, Roselyne Lemoine, Gilberte Moschetti, Clarisse Paumier, Jacky Lindet et madame Palmier pour l'identification des personnages de la photographie n° 109).

Nos 29, 79 : Jacques Visdeloup.

Nos 81, 86 : Moulinex.

Nos 82, 83, 84, 85 : Photo Almo.

Nos 3, 94, 97, 98, 99, 129, 130, 133, 135, 151, 152, 153, 156, 166, 170, 172, 175, 177, 178, 186, 187, 189, 190, 195, 197, 198, 200 : Archives municipales d'Alençon. (Remerciements à Alain Lefèvre, pour l'identification des personnages de la photographie n° 166).

N° 95 : Jacques Litaudon.

N° 108 : Lucette Leverrier.

N° 126 : Eva et Yolande Bourguelle.

N° 132 : Bernard Geneslé.

N° 139 : Denise Linn. (Remerciements à Jacques Bérard, Michel Cavret, Michel Fresnel, Bernard Gautier, Jacky Hue, Pierre Juin, Yvette et Serge Lubin, Yves Poisson et Michel Simon pour l'identification des personnages).

N° 140 : Jean-François Malicorne. (Remerciements à Jean-Claude Héron, Jacky Hue et Yves Poisson pour l'identification des personnages).

N° 141 : Marie-Françoise Le Bail. (Remerciements à Denise Clech pour l'identification des personnages).

Nos 160, 167 : Jean Renard.

Nos 162-163 : Gaston Bordeaux.

N° 165 : Alain Lefèvre. (Remerciements à Guy Juin et Guy Mauger pour l'identification des personnages).

Nos 127, 191 : Archives départementales de l'Orne.

N° 192 : Ouest-France. (Photographie de Marcel Guesdon).

N° 193, 196 : Notre cité.

N° 194 : Orne-Hebdo.

N° 201 : Ville d'Alençon. (Photographie de Gérard Mareau).

Remerciements à Gérard Dumaine pour les renseignements ayant permis de compléter la légende de la photographie n° 41.

Remerciements à Marie-Claire Nageotte pour les renseignements concernant Moulinex.

Remerciements à Jean Bouthémy, Bernard Châble, Michel Couture, Gérard Flament, François de Sainte Preuve et Philippe Sevaux pour l'identification des personnages de la photographie n° 144.

Remerciements à Henri Berthelot et à Jacques Vernejoul pour l'identification des personnages de la photographie n° 158.

Remerciements à Bernard Beuzelin pour les renseignements ayant permis de rédiger la légende de la photographie n° 166.

Remerciements à Françoise Cordier pour les renseignements ayant permis de compléter les légendes des photographies nos 168 à 174.

Remerciements à Louis Gérault pour les renseignements ayant permis de compléter la légende de la photographie n° 188.

Remerciements à Michèle Malicorne pour la relecture.

Un mot d'histoire

C'est en 731 que l'on rencontre pour la première fois le nom d'Alençon dans un document écrit.

Les occupations gauloise et romaine n'étant pas attestées et la christianisation de la région étant en cours au IVe siècle, on peut estimer que la naissance d'Alençon eut lieu vers le VIe siècle de notre ère. Celle-ci est probablement due à un gué permettant de franchir la Sarthe situé près du pont de Sarthe actuel.

En 911, Charles III donne ce qui deviendra la Normandie à Rollon, chef Viking, qui en sera le premier comte. C'est à ce moment qu'Alençon entre dans l'histoire, car son territoire forme un état tampon entre la Normandie et le Maine. Pour mieux remplir ce rôle, le duc de Normandie, Richard Ier, donne Alençon à Yves de Bellême en 943 que ses descendants garderont jusqu'en 1221 malgré une occupation anglaise de 90 ans, de 1113 à 1203, durant les guerres anglo-normandes. Cette même année, Philippe Auguste réunit Alençon, qui est devenu un comté sous les Bellême, au domaine royal.

C'est Pierre Ier fils de Louis IX, qui en 1269, est le premier comte issu de la famille royale. Notre ville qui devient le siège d'un duché en 1415 et d'une généralité en 1636, appartient aux fils de France jusqu'à la Révolution et quelques uns d'entre eux joueront un rôle important dans l'histoire nationale. Charles II est tué à Crécy ; Pierre II accompagne Bertrand du Guesclin ; Jean Ier est tué à Azincourt; c'est Jean II qui présente Jeanne d'Arc au roi Charles VII ; Charles IV contribue à la victoire de Marignan et son épouse Marguerite d'Angoulême, soeur de François Ier, deviendra célèbre sous le nom de Marguerite de Navarre. Enfin, Louis Stanislas Xavier, dernier duc d'Alençon, sera roi de France sous le nom de Louis XVIII.

Au cours de cette période, Alençon est occupée pendant 32 ans, de 1417 à 1449, d'abord par les Anglais pendant la guerre de Cent Ans, puis durant 7 ans par les Allemands à qui Henri IV avait vendu le duché en 1605.

Alençon est une des premières villes de France où le protestantisme fait son apparition vers 1525, protégé par Marguerite de Navarre. Les églises et les couvents sont mis à sac en 1562.

L'industrie toilière qui prospère depuis 1650 décline à partir de la Révolution. Mais la mode de la dentelle qui apparaît au XVIIe siècle donne à notre ville une renommée universelle ainsi que le diamant d'Alençon, très en vogue au siècle suivant.

La Révolution ne fait que peu de ravages dans notre ville qui fait cause commune avec les Girondins : quelques émeutes et pillages, quelques morts. Le Conseil de ville est renversé et les premières élections du nouveau régime mettent la bourgeoisie au pouvoir. Pendant la Chouannerie, Alençon qui est le siège d'un dépôt d'armes et d'approvisionnement, tremble lors de l'avance des Chouans jusqu'à l'arrestation de Louis de Frotté leur chef, qui, emmené en direction de Paris, est fusillé à Verneuil le 15 février 1800.

La visite de Napoléon Ier en 1811 est un moment important dans l'histoire municipale. Le maire Jacques Mercier est fait baron par l'empereur qui, par ailleurs, autorise la construction du Palais de Justice qui sera inauguré en 1827.

Afin de rencontrer Pierre-François Godard, graveur sur bois alençonnais, Balzac, en 1825 et 1828, séjourne à Alençon qu'il évoque dans ses romans "*La vieille fille*", "*Le cabinet des antiques*" et "*Les Chouans*". Quelques allusions à notre ville apparaissent dans d'autres tableaux de "*La comédie humaine*".

A cette époque, Alençon est une ville de rentiers-propriétaires, de magistrats, de militaires et de religieux. Elle gardera ce caractère jusqu'à la fin de la Première Guerre mondiale.

L'essor économique du XIXe siècle et le développement industriel de la ville avec l'implantation de plusieurs manufactures suscitent le développement des transports, mais malheureusement, Alençon se voit refuser la ligne de chemin de fer Paris-Brest par une commission gouvernementale qui décide le tracé par Le Mans par 5 voix contre 4. La ville obtiendra cependant une ligne transversale en 1855.

La disparition de l'industrie toilière, le déclin de la dentelle et l'échec du chemin de fer font que notre ville, déçue, se replie sur elle-même jusqu'à la Deuxième Guerre mondiale malgré la situation florissante de l'imprimerie qui est apparue dès le XVIe siècle. En 1858, l'édition des "*Fleurs du mal*" de Baudelaire, assurée par Auguste Poulet-Malassis, fait l'objet d'un procès retentissant et ce dernier est condamné pour immoralité en même temps que l'auteur qui doit supprimer six pièces de son oeuvre.

La guerre de 1870 éclate et après le combat d'Alençon du 15 janvier 1871, le maire et les conseillers municipaux, qui refusent de verser une contribution de guerre, sont pris en otage.

C'est le 2 janvier 1873 que voit le jour Thérèse Martin qui deviendra célèbre dans le monde entier sous le nom de sainte Thérèse de l'Enfant-Jésus.

Les bombardements de la Seconde Guerre mondiale provoquent malheureusement de nombreuses victimes et causent des destructions importantes dans les quartiers Notre-Dame, Courteille et de la gare, cette dernière étant complètement détruite. Le 17 juin 1940, les Allemands investissent Alençon. La prison voit passer de nombreux résistants destinés aux pelotons d'exécution et aux camps d'extermination, mais notre ville a aussi l'honneur, le 12 août 1944, d'être la première cité française du continent à être libérée par une armée française, celle de la deuxième division blindée du général Leclerc.

Après la guerre, l'augmentation de la population, l'implantation d'usines nouvelles et l'urbanisation rapide modifient les structures sociales. Moulin-Légume s'installe en 1937. Devenue Moulinex en 1954, cette entreprise symbolise le développement économique d'Alençon dont l'essor industriel se trouve intimement lié à celui de cette société dont la renommée est internationale. Alençon revit et a conscience de son renouveau.

En 1965, la création de la zone industrielle nord est décidée puis le District urbain de l'agglomération alençonnaise est mis en place en 1969.

Une série de jumelages est menée à bien avec les villes de Basingstoke en Angleterre en 1968, de Quakenbrück en Allemagne en 1969 et Koutiala au Mali en 1970.

Depuis 1985, Alençon développe le créneau de la filière plastique autour de l'Institut Supérieur de Plasturgie qui a ouvert en 1993 une école d'ingénieurs en plasturgie industrielle.

Sur le plan politique Alençon n'eut jamais de municipalité ouvrière. Il faut attendre les élections de 1977 pour voir la victoire de l'Union de la Gauche qui restera douze années à la tête de l'administration municipale.

Chaque siècle a laissé ses monuments : il faut citer l'église Notre-Dame et le château des ducs (XIVe), la maison d'Ozé et le tribunal de commerce (XVe), l'hôtel de Guise, la bibliothèque municipale et la chapelle Notre-Dame de Lorette (XVIIe), l'hôtel de Ville (XVIIIe), la halle aux blés, le Palais de Justice et la halle aux toiles (XIXe).

Si la ville d'Alençon est fière de son passé, elle n'en vit pas moins au présent en préparant résolument l'avenir. Ville culturelle et sportive, elle a su créer des manifestations de prestige qui en font aujourd'hui sa renommée : Musique en choeur, fête du patrimoine, course pédestre Alençon-Médavy, Jumping national, etc...

A mesure que se développent les industries locales, Alençon entreprend un programme d'équipements sportifs, économiques et culturels lui permettant d'accéder au rang des villes moyennes à échelle humaine, où il fait bon vivre et séjourner.

I
Promenade en ville

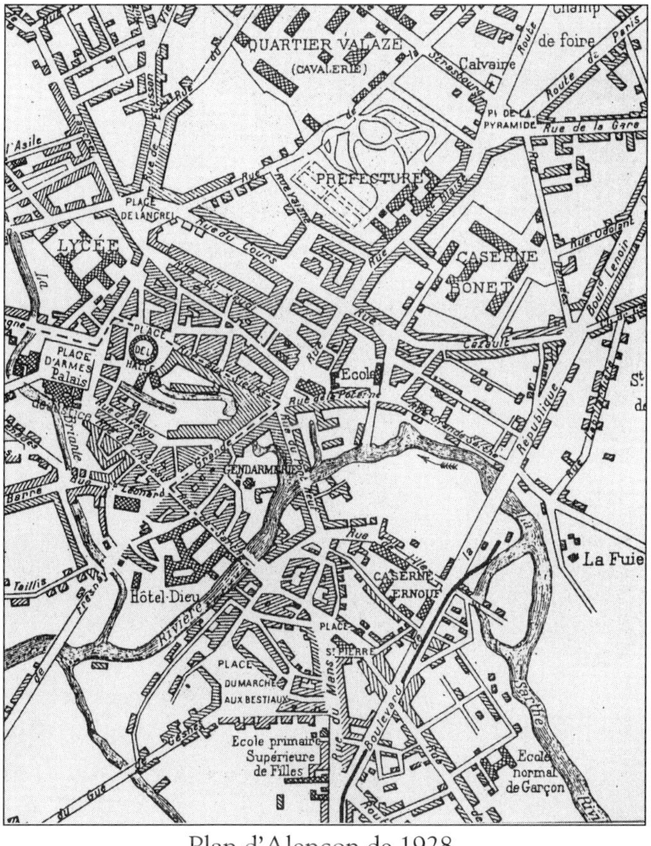

Plan d'Alençon de 1928.

La gare construite en 1855, détruite par le bombardement du 14 juin 1940, a été reconstruite et inaugurée en 1960.

En cette année 1919, les voyageurs sont attendus sur la place de la Gare, dénommée place de la Résistance depuis le 30 mai 1994.

Le restaurant Vandel, situé 8 rue Denis Papin en 1905, est aujourd'hui intégré à l'hôtel de Paris.

L'agence Alinant sur l'emplacement actuel des numéros 59-61 de l'avenue Wilson, dénommée ainsi depuis le 6 juillet 1918 pour honorer Thomas Wilson président des Etats-Unis, qui en 1917, engagea son pays dans la guerre aux cotés des alliés.

On peut apercevoir à droite la fabrique de voitures Lemaître, fondée en 1844 par Théodore Lemaître (1817-1896), puis développée par son fils Albert (1851-1903) et son petit-fils Paul (1887-1951), dont le fronton a malheureusement disparu, remplacée par un immeuble semblable à l'architecture du suivant, et actuellement occupé par la F.I.A.O.

Monument aux morts de la Première Guerre mondiale, inauguré le 12 novembre 1922, que l'on doit au sculpteur alençonnais Louis Barillet (1880-1948), dont une partie est aujourd'hui transférée dans le square du Poilu.

Monument aux morts de la Seconde Guerre mondiale, remplaçant le précédent, élevé en 1954 par l'architecte René Letourneur. Ce monument représente une lame d'épée surmontée d'une Victoire.

La place de la Pyramide, ici en 1913, tirait son nom d'un obélisque à trois faces, surmonté d'une couronne et d'une fleur de lys dorées, élevé en 1738 en l'honneur de Louis XV et enlevé en 1820 lors de la création du Champ de Foire sur l'emplacement de l'ancien cimetière Saint-Blaise utilisé jusqu'en 1812. Elle s'appelle place du Général de Gaulle depuis le 21 mars 1947.

Au XVIe siècle, la rue Saint-Blaise conduisait à une chapelle dédiée à ce saint, protecteur des maladies des bestiaux, située sur l'emplacement actuel du Champ de Foire. La Saint-Blaise, qui tombe le 3 février, était le jour de la foire au bétail la plus importante de l'année. La rue Saint-Blaise été dénommée rue de la Montagne pendant la Révolution.

La préfecture fut construite vers 1630 par Charles de Fromont, sieur de La Besnardière, receveur des tailles de l'élection d'Alençon (une élection est une circonscription financière, et la taille, un impôt). Cédée en 1673 par Pierre de Fromont aux religieuses de la Visitation, elle est revendiquée par Elisabeth d'Orléans, duchesse de Guise et d'Alençon, cousine de Louis XIV, qui s'y installe en 1676. A son décès en 1696, le bâtiment est légué à l'hôtel-Dieu puis revient à la Couronne en 1748. Louis XV en fait don à la ville, qui à partir de 1751 y loge les intendants puis les préfets à compter de 1800. Classé monument historique en 1903.

Construit en 1842-1843 par l'architecte Dédaux, l'hôtel du Grand Cerf fut le siège de la *Feldkommandantur* pendant l'Occupation.

L'immeuble qui deviendra la *Renaissance* fut construit en 1839 sur l'emplacement de l'hôtel du Maure, le plus ancien d'Alençon, où Balzac descendit en 1828. C'est en 1873, que cette maison devient la Renaissance et qui, comme le Flore parisien, est le dernier salon où l'on parle en refaisant le monde à longueur de journée.

Carrefour des rues Cazault et Saint-Blaise. On peut apercevoir à l'angle de ces deux rues le café Français sur l'emplacement actuel du magasin Singer.

La Grande Rue un jour de marché. Déjà, les réclames fleurissent sur les murs.

C'est dans la rue du Bercail que le premier curé d'Alençon s'installe en 1302. Cette voie est alors appelée rue de la Personne car c'est ainsi que l'on désigne les ecclésiastiques au Moyen Age. L'appellation rue du Bercail, qui est attestée en 1734, est sans doute due à l'existence à cet endroit d'un parc à moutons. Au XIXe siècle, cette rue est incluse dans la route royale n° 12 de Paris à Brest.

C'est le comte d'Alençon Charles III, qui fait commencer la construction de l'église Notre-Dame vers 1350, sur l'emplacement d'un prieuré de bénédictins établi vers le XIe siècle. La nef est de 1444, le bas-côté nord de 1475 et le magnifique porche de 1506. Ce dernier a inspiré le quatrain suivant :

"L'église est faite de telle sorte
Que pour mettre le Bon Dieu
Au plus bel endroit du lieu
Il faudrait le mettre à la porte."

La chaire date de 1536, les orgues de 1537. Pillée et saccagée en 1562 pendant les guerres de religion. Classée monument historique en 1862.

Les maisons de la rue de la Poterne, ici vers 1905, ont fait place à un parking. On peut voir le disgracieux clocher de l'église Notre-Dame, construit par Jean-Rodolphe Perronet ingénieur des Ponts et Chaussées, qui remplace celui de bois détruit par la foudre le 2 août 1744.

Le centre de la ville vers 1907. Ci-contre, on peut distinguer l'enseigne du *Gant Bleu*.

Ci-dessous, l'immeuble de droite a été remplacé par le Prisunic qui a ouvert ses portes en 1935.

La rue aux Sieurs est bien animée en ce jour de 1905. A gauche, on peut voir le café des Fleurs, aujourd'hui disparu.

La même rue, 23 ans plus tard. Entre temps, la fée Electricité est apparue. La rue aux Sieurs ne tire pas son nom des quatre échevins qui, en 1449, auraient ouvert une porte d'Alençon, occupée par les Anglais, au duc Jean II, mais du mot *sueurs* (ouvriers du cuir) qui avaient besoin de l'eau de la Briante pour leurs activités.

Cette maison des *Quatre Sieurs*, dans laquelle les échevins auraient préparé leur projet, démolie en 1880, est située sur l'emplacement actuel du magasin le Printemps.

La maison des Magasins Réunis, en 1922, dont le principe est "*Tout à petit bénéfice et entièrement de confiance*" a succédé en 1903 au Grand Bazar de l'Orne fondé en 1880, et deviendra le Printemps en 1982.

L'épicerie-débit de boissons de Marie-Désirée Letournel, épouse d'Auguste Loudière, encaisseur à la Banque Régionale de l'Ouest, 6 rue de la Cave aux Boeufs vers 1923. Près de sa mère on reconnaît Edouard Loudière, âgé de 13 ans, qui sera instituteur à l'école d'Ozé de 1950 à 1965.

Deux vues de la Grande Rue vers 1920, l'une vers l'église Notre-Dame, l'autre vers Saint-Léonard. Sur chacune d'elles on peut voir le dépôt d'*Ouest-Eclair* tenu par Octave Jeanne, éditeur de ces deux cartes, sur l'emplacement de la rue de Lattre de Tassigny, et les porteurs de journaux dont le dernier représentant, Auguste Meffray, s'est éteint récemment.

Carrefour de la Grande Rue, de la rue du château et de la rue de Sarthe en 1914. Au premier plan à gauche ci-dessus, le café des Sept Colonnes. Au coeur de la ville médiévale, cet immeuble est peut-être le plus ancien d'Alençon. Sa cave voûtée pourrait dater du XIIIe siècle. La légende raconte que la dalle qui est posée sur le sol ne doit pas être retirée car Alençon serait inondée. "*Quiconque me lèvera, Alençon périra.*" La dalle a été déplacée et Alençon est toujours là.

En 1908, l'abreuvoir de l'hôtel-Dieu, rue du Boulevard. On distingue le Grand moulin construit en 1841 sur l'emplacement du moulin d'Arondel bâti aux XI-XIIe siècles. Intégré dans la tour gauche de la porte de Sarthe, seul passage, à l'époque, par où l'on entre dans la ville en venant du Maine, le moulin d'Arondel est, en 1365, le moulin fortifié le plus considérable d'Alençon. Il échappe en 1776 à la destruction de la porte de Sarthe et l'on sait qu'en 1787 il est habituellement désigné sous le nom de *Grand moulin*. Son exploitation a cessé vers 1953.

On distingue à gauche la teinturerie fondée en 1660 entre le pont Neuf et le pont de Sarthe, reprise par René Hénault et Henriette Morel en 1862. A droite, une école maternelle démolie en 1966, où s'élève aujourd'hui la résidence des Quatre Saisons et la rue à la Ferraille qui n'existe plus. La rue des Poulies tire son nom des gros cylindres de bois sur lesquels, au XIIIe siècle, les fabricants de toiles du quartier tendaient leurs étoffes pour les faire sécher.

La rue du Bas-de-Montsort mène au pont de Sarthe bâti près du gué qui serait à l'origine de la naissance de la ville. C'est probablement, aux numéros actuels 17-19 de cette rue (maisons aux perrons à droite) que les soeurs de la Visitation s'installèrent en 1658 avant de s'établir en 1688 dans les bâtiments connus sous le nom de *Sénatorerie*.

La place Saint-Pierre s'appelle place de la Division Leclerc depuis le 16 juin 1945 et non place de la 2e D.B. comme il est indiqué sur la plaque.

On peut voir à droite le magasin de mercerie créé par Edmond Perrier vers 1880. D'abord installé rue des Poulies, il s'installe au n° 1 de la rue de l'Isle au début de ce siècle. Décédé en 1927, son fils lui succède et fonde la Société Alençonnaise de Bonneterie qui cesse son activité vers 1935. Le *Champ Perrier* était la propriété de la famille.

La rue du Pont-Neuf et ses magasins. Les premiers véhicules à moteurs apparaissent. On peut admirer la superbe voiture de monsieur Hénault-Morel.

La rue Marchand-Saillant en 1921, dénommée ainsi en 1909, ancienne rue de l'Eglise, tire son nom de Ernest Marchand, blanchisseur et maire d'Alençon de 1881 à 1892. Saillant est le nom de son épouse. L'arbre à gauche est planté dans la cour d'une école maternelle fermée vers 1948 à laquelle a succédé le foyer des Anciens. En face, mademoiselle Comin à sa fenêtre. A signaler que le nom Courteille s'écrit sans s.

Les élèves de l'école maternelle signalée ci-dessus. Cette fois la légende de la carte a raison. L'appellation de la place, dite Marchand-Saillant, n'est pas justifiée, aucune délibération du Conseil municipal n'ayant été prise à ce sujet. Le nom de *Chaussis*, qui doit être maintenu, rappelle le souvenir de l'ancienne chaussée pavée qui permettait l'accès du manoir de Vicques à sa cour à travers des terrains facilement submergés par les crues de la Sarthe.

II
La vie économique

Le marché aux bestiaux se tenait le jeudi de chaque semaine sur l'actuelle place du Champ du Roi, dès le début du XIXe siècle jusque vers 1950.

La place du Champ du Roi se nomme ainsi depuis que le roi d'Angleterre Henri V s'installa à cet endroit en 1417 pour faire le siège d'Alençon. Elle s'est appelée place de l'Egalité pendant la Révolution puis place du Marché aux Bestiaux jusqu'en 1936. C'est sur cette place, qu'ont lieu à partir du 29 mai 1823 les exécutions criminelles et l'exposition au carcan.

L'hôtel du Cheval Noir porte actuellement les numéros 129-131 de la place du Champ du Roi et l'hôtel du Boeuf Noir le n° 32 de la rue du Boulevard.

Le marché à la ferraille existait encore en 1913.

Le marché du jeudi place Lamagdelaine en 1907.

La place Lamagdelaine (et non de la Madeleine), située sur l'ancien cimetière de Notre-Dame désaffecté en 1796, tire son nom de Joseph Lamagdelaine (1764-1839), premier préfet de l'Orne de 1800 à 1815.

La place du Palais doit son nom à l'ancien palais de justice (présidial) érigé sur l'ordre du roi Henri II le 19 octobre 1552. Cet édifice, que l'on voit à droite, a été démoli en 1908 pour construire l'hôtel des Postes. On peut remarquer que la rue du 49e régiment de mobiles n'est pas encore percée.

C'est dans l'immeuble de la banque Guillochon que la Chambre de commerce s'installera le 26 septembre 1920.

La rue du Cours, dénommée Cours Clemenceau depuis le 28 mars 1930, a été ouverte sur le tracé des anciennes fortifications. En 1805, elle était la seule voie à être munie de trottoirs.

Le 10 janvier 1826, le Conseil municipal décide la construction d'une nouvelle halle aux toiles pour remplacer celle devenue vétuste située sur l'emplacement de la rue actuelle du même nom. Les plans ont été établis par l'architecte Jean-Baptiste Delarue. Le 7 septembre 1827, Marie-Thérèse de France, duchesse d'Angoulême et fille de Louis XVI, pose la première pierre de la halle aux toiles qui est mise en service le 5 janvier 1832. Elle sera désaffectée en 1880, transformée en salle des fêtes en 1899, reprendra son nom d'origine le 5 novembre 1991 et restaurée en 1994.

C'est sur la place du Champ de Foire, créée en 1820, que se tenait le marché aux chevaux en 1909. Alençon, à cette époque, était une ville de garnison située dans une région consacrée à l'élevage du cheval. Le Champ de Foire est un site classé depuis le 18 février 1933.

Les employés de l'épicier Abel Poulin, installé en 1900 au n° 14 de la rue de l'Ecusson, actuellement n° 16.

La noce est attendue par les véhicules hippomobiles de Henri Vannier, loueur de voitures en 1908 au 20 rue de la Gare, aujourd'hui 26 avenue Wilson.

La boutique et l'atelier du mécanicien Joseph Raffray, 48 ter rue de Bretagne, vers 1910. Ces bâtiments, détruits par les bombardements de 1944, étaient situés sur l'emplacement actuel du n°64.

L'imprimerie d'Auguste Laverdure, décédé en 1908, était située sur l'emplacement actuel des numéros 8 et 10 de la rue du Cygne.

En 1920, l'imprimerie de Georges Supot, continuateur de Poulet-Malassis, était située sur l'emplacement actuel du Crédit Lyonnais, place Foch. Cet établissement fut acheté en 1930 par l'Imprimerie alençonnaise.

L'Imprimerie alençonnaise, fondée en 1894, était installée place Poulet-Malassis jusqu'en juillet 1969, date de sa démolition et de son transfert dans la zone industrielle nord. Elle avoisinait avec la Société des transports automobiles de l'Ouest dont on voit quelques véhicules.

La carte commerciale de l'Imprimerie alençonnaise.

Dessin à la plume de 1905, signé Leblond, de la maison Félix Potin, tenue par les épiciers Louis Picot et Jean-Marie Millet, située sur l'emplacement actuel des numéros 18-20 de la rue du Pont-Neuf, anciens établissements Maillard.

67) En 1928, Antoine Reynaud présente dans son magasin *Le Beau Linge*, 3 rue du Bercail (actuel n° 5), une exposition de blanc dont les articles sont présentés par un automate. Au dos de cette carte, le négociant passe une commande à un établissement de Gérardmer (Vosges). A côté, au n° 5 (n° 7 actuel), on peut voir la librairie Loyer, la plus ancienne de la ville fondée en 1850, où se rencontrait tout ce qu'Alençon comptait de personnalités intellectuelles.

La boucherie de Désiré Chotard, 2 rue de Lancrel vers 1895, sur l'emplacement actuel du n° 2 de la rue Marcel Palmier.

La Maison du Gagne-Petit en 1908. Cette maison de commerce, à l'enseigne du *Rémouleur*, a été fondée par Pierre Romet en 1844. Les Nouvelles Galeries ont été ouvertes le 11 septembre 1965 et la galerie marchande a été inaugurée le 27 septembre 1989.

"C'est bon depuis les pieds jusqu'à la tête" proclame sous forme de rébus l'enseigne de la charcuterie d'Alfred Roustin, qui a succédé à Albert Hamery en 1902, située 57 Grande Rue et portant aujourd'hui le n° 79.

Jules Tremblin, vers 1915, pose avec ses employés devant sa boutique au n° 13 de la Grande Rue (actuel n° 21).

André Tellier, horticulteur vers 1920, expose ses produits au n° 31 de la ruelle Piquet. Les frères Litaudon seront ses successeurs vers 1935.

Le bar de Lancrel en 1926, qui existe toujours, à l'angle des rues Jullien et de Lancrel, était exploité par madame Ourry depuis 1923.

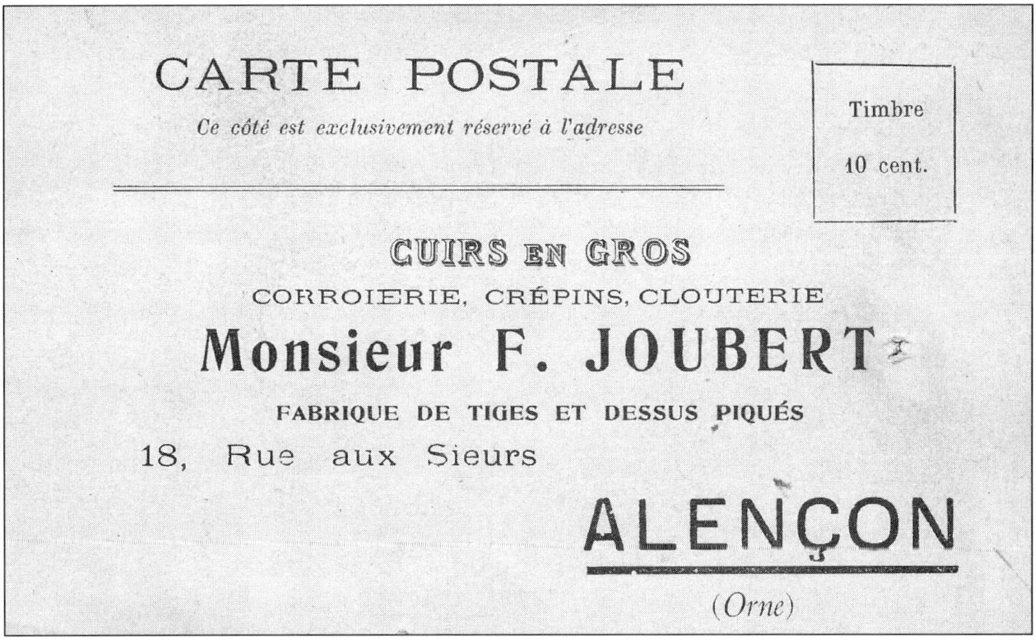

Carte postale publicitaire de Ferdinand Joubert, installé en 1903 sur l'emplacement actuel des numéros 22-24 de la rue aux Sieurs.

A la veille de la Seconde Guerre mondiale, les ouvriers se rendent à leur travail, les uns aux entrepôts Leriche, les autres à la Société normande d'imprégnation, route de Sées.

Le restaurant d'Augustine Guimond en 1910, sur l'emplacement actuel du n° 13 de la rue Saint-Blaise. Son époux, François Letourneau, est employé à l'Asile.

On prend le temps de vivre au café du Chemin de Fer, tenu en 1914 par Auguste Sévignac, près de la barrière de Courteille, aujourd'hui n° 12 avenue de Courteille.

Toujours en 1914, le restaurant de Georges Cary, à l'angle de la rue Cazault et du boulevard de la République, aujourd'hui transformé en bar-grill dénommé *Au Point d'Alençon*. Les arbres bordant le boulevard de la République ont disparu.

Le café-restaurant de Pierre Visdeloup, vers 1930, à l'angle de la rue du Jeudi et de la place du Palais, sur l'emplacement actuel du n°14 de la rue du Jeudi. On reconnaît Charlotte Lebreton, l'épouse de Pierre Visdeloup, et leur nièce Gabrielle Leduc, brodeuse sur filet.

De Moulin-Légume à Moulinex

C'est dans les locaux de l'ancienne filature de chanvre d'Ozé, fermée en 1935, que Moulin-Légume, établissement fondé par l'industriel parisien Jean Mantelet, s'installe en 1937. Il faut rappeler que l'usine d'Ozé, implantée en 1845 par Louis-Christophe Richer, successeur du baron Mercier, fut la première filature mécanique de France à filer le chanvre. Son dernier vestige, une cheminée en briques, a été démoli en 1991. Jean Mantelet est né à Paris le 10 août 1900. Il fait ses études à l'école commerciale de la Chambre de commerce et d'industrie de Paris et s'installe à Belleville en 1922 puis à Bagnolet en 1929. Le 16 février 1932, il dépose un brevet pour l'invention d'un presse-purée dont il a eu l'idée en observant son épouse utiliser avec difficulté un appareil à écraser les légumes. C'est le succès. Les ateliers de Bagnolet devenant insuffisants, Jean Mantelet s'installe dans notre ville. L'installation de Moulin-Légume à Alençon se fait en partie grâce à la secrétaire de l'industriel, Jeanne Cabaret, originaire d'Alençon, à qui Jean Mantelet demande de se renseigner sur un éventuel transfert dans notre région. Le père de Jeanne, Armand Cabaret, propose la manufacture d'Ozé qui convient parfaitement à Jean Mantelet. Après la guerre, le succès est foudroyant et l'expansion rapide. Divers appareils ménagers sont produits : moulinettes, mouli-râpes, etc. En 1954, Moulin-Légume devient Moulinex. La société qui popularise le moulin à café électrique et dont le slogan "Moulinex libère la femme" devient célèbre, symbolise le développement économique d'Alençon dont l'essor industriel se trouve intimement lié à celui de cette entreprise. Jean Mantelet veut tout faire lui-même : fabrication des moteurs, des fils électriques, de la matière plastique, etc. afin de ne dépendre de personne. Il fonde une école d'enseignement technique et n'oublie pas le secteur social et sportif. La rôtissoire fait de Moulinex le premier fabricant mondial de ce produit. L'introduction en bourse, le 25 juin 1969, précède le lancement, en 1971, de la première cafetière électrique puis du four micro-onde en 1979 et du fer à repasser en 1983. Les mauvaises conditions économiques provoquent, en septembre 1985, des mesures de chômage partiel et de nombreux licenciements doivent être effectués. En mars 1986, Jean Mantelet est victime d'une attaque hémiplégique. Il nomme alors son successeur, Roland Darneau, dont la nouvelle politique commerciale porte ses fruits, et le 7 janvier 1991 le groupe Krups est acheté par Moulinex. La renommée de l'entreprise alençonnaise est non seulement française mais internationale. Aujourd'hui, le groupe qui produit de multiples appareils électroménagers, compte 21 usines réparties dans le monde et emploie 12.000 salariés dont 1.600 dans notre ville. Le dynamisme de Jean Mantelet ne se limite pas à Moulinex puisqu'il est conseiller du commerce extérieur de la France de 1951 à 1973 et élu conseiller municipal de 1959 à 1965. Souvent absent, intervenant peu, il s'emploie cependant à défendre les intérêts de la ville. Il est par ailleurs président de la Chambre de commerce et d'industrie de 1971 à 1974. Commandeur de la Légion d'honneur et du Mérite commercial, il s'éteint le 19 janvier 1991 à Paris et inhumé à Nice. Homme simple, proche de ses employés, grand travailleur, inventif, passionné, Jean Mantelet est reconnu comme une grande figure de l'industrie française et fut une chance pour Alençon qui bénéficia de son génie créateur et commercial.

ALENÇON (Orne). - Vue de la Filature d'Ozé

E MOULIN-LÉGUME

Monsieur Mantelet au milieu de ses employés.

Moulin à café électrique de 1956.

III

Les fêtes civiles et religieuses

La foire de la Chandeleur, qui remonte aux origines de la ville, a probablement été créée par Guillaume Ier, deuxième seigneur d'Alençon (vers 1009-1031). Il s'agissait, à l'origine, de la fête de la purification de la Vierge et de la présentation de Jésus au temple. Cette fête, qui avait lieu le 2 février, tire son nom des chandelles que l'on bénissait et distribuait au clergé et aux fidèles avant la procession. Le cérémonial religieux était suivi des cris des marchands, du tapage des charlatans, des jongleurs, des chanteurs, des arracheurs de dents, des montreurs d'ours, etc. Confirmée par Louis XIII, Louis XIV ordonna par lettres patentes du 11 août 1646 qu'elle durerait trois jours. Devenue foire aux chevaux, elle était, au XIXe siècle, connue dans toute la France. En 1923, consciente de la nécessité de relancer l'économie déclinante d'Alençon et de sa région, la Société d'Horticulture de l'Orne créa la foire-exposition à l'époque de la Foire de la Chandeleur.

La première pierre de l'hôtel des Postes, élevé par l'architecte Albert Mezen sur l'emplacement de l'ancien palais de justice, est posée sous la présidence du docteur Léon Labbé, sénateur de l'Orne et président du Conseil général, en présence de Georges Fradin de Linière, préfet de l'Orne, et de Cézar Aveline, maire d'Alençon. Au cours de la cérémonie, il est procédé à l'enlèvement d'un ballon.

Un grand banquet populaire présidé par Joseph Caillaux, président du Conseil et ministre de l'Intérieur, précéda l'inauguration de l'hôtel des Postes par Charles Chaumet, sous-secrétaire d'Etat des Postes et Télégraphes.

ALENÇON. — FÊTE JEANNE D'ARC. — Grande Rue.
Cliché G. Martin.— Pesiier-Gresiebin, édit.

En 1909, de grandes fêtes sont organisées en l'honneur de Jeanne d'Arc qui a été béatifiée le 18 avril. La Pucelle incarne la revanche sur les Allemands et symbolise l'esprit de la reconquête de l'Alsace et de la Lorraine. Jeanne d'Arc sera canonisée le 9 mai 1920. Une loi du 10 juillet de la même année instituera la Fête nationale de Jeanne d'Arc, fête du patriotisme, fixée au deuxième dimanche de mai, jour anniversaire de la délivrance d'Orléans. Jeanne d'Arc représente l'union entre les Français, croyants et incroyants, condition suprême et nécessaire du salut national. Il faut signaler que Jean II, duc d'Alençon, fut un fidèle compagnon de Jeanne d'Arc.

Grandes fêtes en l'Honneur de Jeanne d'Arc - Dimanche 27 Juin 1909
6. ALENÇON (Orne) — Concert par la Musique Sainte-Cécile du Mans, place Saint-Léonard

La cavalcade du 5 juin 1911, organisée par les commerçants alençonnais, préfigure le Corso fleuri qui vécut de 1956 à 1972. Ci-dessus, sur le Champ de Foire, on reconnaît de gauche à droite : debout Eugène Debray ; à cheval, Georges Bozo, premier page ; Georges Hommey, qui représente le duc François d'Alençon ; le second page n'est pas identifié. A droite, les reines de la cavalcade.

La reine d'Alençon et ses demoiselles d'honneur dans le char de la Société d'Horticulture.

La petite fille à l'ombrelle blanche est madame Wains-Desfontaines, née Louise Marty, dont le père était marchand de fer, de charbon et de papiers d'emballage au 18 de la rue du Pont-Neuf (sur l'emplacement actuel du n° 22).

Le char de l'Alimentation descend la rue du Cours (actuel cours Clemenceau) et se dirige vers la rue Cazault.

Le char de la reine des reines de Paris avec ses demoiselles d'honneur dans leurs costumes de gala.

Le char de l'Harmonie.

Monsieur Pams, ministre de l'Agriculture, qui doit présider le concours hippique du 29 juin 1912, est attendu par Robert Leneveu, préfet de l'Orne.

A l'occasion de la Fête nationale, un meeting d'aviation se déroule sur le champ de manoeuvres (emplacement actuel du lycée Marguerite de Navarre). Le succès est tel (12 à 15000 personnes) que les organisateurs doivent refuser du monde.

Photo et Collection A. Maillaut fils, éditeur Alençon

ALENÇON (Orne) - Concours de Musique des 11 et 12 Mai 1913
Défilé des Musiques rue Saint-Blaise

A l'occasion de ce concours, un arc de triomphe dédié aux musiciens est dressé rue du Jeudi. Par ailleurs, un concert est donné sur la place d'Armes (place Foch) où il est procédé à l'enlèvement d'un ballon commandité par le journal *La Sarthe*. Il faut signaler que la rue aux Sieurs s'écrit sans la lettre c.

Photo et Collection A. Maillaut fils, éditeur Alençon

ALENÇON (Orne) — Concours de Musique des 11 et 12 Mai 1913
Défilé des Musiques rue aux Scieurs

Inauguration du Monument aux morts de la Première Guerre mondiale, le 12 novembre 1922, sous la présidence du général Vuillemot, délégué du ministre de la Guerre, assisté de Raoul Fauran, préfet de l'Orne, et de Arthur Esnault, maire d'Alençon. Les maréchaux Joffre, Lyautey et Pétain regrettent de ne pouvoir assister à cette cérémonie.

Du 4 au 6 juin 1927 a lieu la fête des Fleurs, organisée par le Comité des fêtes. Le programme comporte un gymkhana cycliste et automobile, un concert, un vaudeville intitulé "*Prête-moi ta femme*", et un bal champêtre sous les illuminations féeriques des Promenades pour le samedi 4 juin. Le lendemain matin s'ouvre un concours de balcons, vitrines et étalages fleuris. L'après-midi un cortège fleuri de 30 chars et de 4 fanfares traverse la ville. Le soir on joue une opérette intitulée "*Epouse-la.*" Le lundi matin, sur la place d'Armes, il est procédé au lâcher du ballon "*La ville d'Alençon*", puis au départ d'un rallye automobile qui fait l'objet d'un concours de pronostics et dont le premier prix est une bicyclette. Une fête de l'aviation se déroule l'après-midi et le soir on donne une opérette-bouffe "*Là-haut.*" Mademoiselle Outin se voit offrir une robe, un manteau, une paire de chaussures, un collier, une paire de bas et un mouchoir en Point d'Alençon. Mesdemoiselles Juliette Rouillère et Lucy Pioche reçoivent chacune une robe, une paire de chaussures et une paire de bas.

"Meunier, tu dors, ton moulin va trop vite", chantent, en cette fin d'année scolaire 1949, les enfants de l'école maternelle des Poulies, démolie en 1966, située sur l'emplacement actuel de la résidence des Quatre Saisons. On reconnaît de gauche à droite : premier, Jean Lahire ; quatrième, Alain Champion ; cinquième, Françoise Lechat ; sixième, Alain Linn ; septième, Françoise Fontaine ; huitième, Yves Poisson.

Fête des écoles du 27 juin 1952 à l'école maternelle de Montsort. On reconnaît de haut en bas et de gauche à droite : sixième, Philippe Denin ; septième, Clarisse Paumier ; huitième, Beurrier ; dixième, Alain Bérard ; onzième, Jocelyne Martineau ; douzième, Jean-Pierre Fleury ; quinzième, Jacky Lindet ; seizième, Nicole Batereau ; dix-huitième, Alain Champion ; dix-neuvième, Nicole Perdereau ; vingtième, Serge Esnault ; vingt-et-unième, Roselyne Lemoine ; vingt-deuxième, Michel Yvon ; vingt-troisième, Giberte Moschetti ; vingt-quatrième, André Pénalva ; vingt-cinquième, Christiane Morfoisse ; vingt-sixième, Marcel Palmier ; vingt-septième, Annick Morfoisse ; vingt-neuvième, Micheline Chevalier ; trentième, Gérard Béchet ; trente-et-unième, Nicole Mésière.

La fête-Dieu est la fête de l'Eucharistie, instituée en 1264 par le pape Urbain IV, fixée au deuxième jeudi après la Pentecôte. Toutes les autorités, paroisses et corps de métier, participaient à cette cérémonie très populaire, marquée par une procession au cours de laquelle le Saint-Sacrement était présenté. La procession de la fête-Dieu a disparu vers 1960.

Bénédiction du calvaire de Montsort, le 3 mai 1931, à l'angle de la rue du Mans et du boulevard de la République, par monseigneur Pasquet, évêque de Sées. Il est entouré des vicaires Leconte à sa droite et Dubois à sa gauche. Au deuxième rang figurent le chanoine Lesellier de la cathédrale de Sées et le chanoine René Guérin d'Alençon. Derrière, le chanoine Bocage, curé de Notre-Dame. Ce calvaire a été transféré en 1965 devant le presbytère de Montsort.

Installation de monsieur le chanoine Louvet, curé de Notre-Dame, le 26 juin 1935. A sa droite se trouve le vicaire général Leconte et, à sa gauche, le chanoine Moulin, professeur à l'école Saint-François de Sales. Devant le chanoine Leconte se trouve le chanoine René Guérin, précédé de l'abbé Bertrand, aumônier des Clarisses, et de l'abbé Morière, professeur à l'école Saint-François de Sales. Derrière, on reconnaît messieurs Langlais, Charles Romet, Louis Picot, Guy de Fromont et Poupinet.

IV

Alençon, ville de garnison

Au XIXe siècle, la ville compte trois casernes, toutes installées dans les locaux de congrégations dispersées à la Révolution : le couvent de la Visitation à Montsort (caserne Ernouf), la maison de l'Union chrétienne rue des Granges (la Manutention) et le monastère des Capucins près de la préfecture (caserne Bonet). Le quartier Lyautey, d'abord appelé Valazé du nom du général, fils de Charles Valazé, député à la Convention pendant la Révolution, est construit en 1874.

En 1870 surgit la guerre franco-allemande. Notre ville se trouve alors placée, de novembre 1870 à mars 1871, au centre des opérations militaires de l'armée de la Loire et c'est au cours du combat d'Alençon du 15 janvier 1871 qu'est tué le capitaine Duchamp qui a laissé son nom à un de nos boulevards.

Le couvent des Visitandines, dont la première pierre est posée en 1682, sert d'hôpital militaire pendant la Révolution, puis Roederer en 1804 en fait la Sénatorerie. En 1815, elle est occupée par les troupes prussiennes et en 1816-1817, par la Légion départementale de l'Orne. Le Service départemental des Domaines qui en a fait l'acquisition, la lotit en 1830 et elle est vendue à la ville en 1859. Celle-ci la cède au ministère de la Guerre qui en fait la caserne Ernouf où s'installe le 103e régiment d'infanterie de 1882 à 1884, en 1888-1889 puis de 1893 à 1914. Entre les deux guerres, elle abrite la Garde républicaine mobile. Après 1945, une école de gendarmerie s'installe dans ses murs à laquelle succède la Compagnie alençonnaise de la gendarmerie nationale jusqu'en 1974. Le 19 janvier 1976 la caserne est remise à la ville qui la vend, en avril 1990, à une société pour en faire une maison de retraite qui ouvre ses portes le 19 août 1991.

C'est vers 1672 que mademoiselle Elisabeth de Farcy fonde l'institution des Nouvelles Catholiques destinée à l'instruction de la jeunesse et plus particulièrement à aider la conversion des jeunes protestantes. En 1701, la duchesse de Guise met à la tête de l'institution, qui s'installe rue de la Juiverie, les soeurs de l'Union chrétienne. A coté de cette communauté, arrive en 1778, celle des carmélites fondée par Louise de France, fille de Louis XV. Les deux communautés sont dissoutes en 1792, et les locaux sont utilisés comme entrepôts militaires qui prennent le nom de *Manutention*. Cette dernière est transformée en caserne de gendarmerie vers 1862 jusqu'en 1945, date à laquelle elle est abandonnée. Ce n'est qu'en 1974 qu'intervient sa démolition pour laisser la place au Front de Sarthe.

Comme les autres communautés religieuses, le monastère des capucins, bâti en 1602, est fermé en 1792. Après avoir accueilli les invalides de l'an VIII/1800-1801, l'établissement est attribué à la cavalerie pour abriter une partie du 18e régiment de dragons. Il reçoit par la suite des étalons du haras du Pin, des conscrits réfractaires et des prisonniers espagnols galeux. En 1816, la maison des capucins est affectée aux hussards de la Moselle, aux dragons de la Manche puis à un dépôt de remonte de 1835 à 1930. Après le Second Empire, la caserne reçoit le nom du général Bonet né à Alençon le 8 août 1768. De 1930 à 1939, elle abrite, concurremment avec le quartier Valazé, le 1er régiment de chasseurs. Pendant la dernière guerre elle sert de prison à la Gestapo et le département des Forces Armées, le 27 février 1948, remet à la ville, la caserne dont les bâtiments sont occupés par des locataires. L'insalubrité de l'ensemble entraîne sa démolition en 1959 pour laisser la place à la cité administrative.

19 - ALENÇON — Caserne des Hussards

Photo. Saint-Blais

La nouvelle caserne, construite en 1874, passe à l'époque pour l'une des plus belles de France. C'est le 17e bataillon de chasseurs à pied qui l'inaugure le 9 octobre. Après sa transformation, en 1889, en quartier de cavalerie, c'est le 29e régiment de dragons qui l'occupe de 1890 à 1893 cédant la place au 14e régiment de hussards jusqu'en 1914. Celui ci, très populaire, est commandé par le colonel Lyautey en 1903. Après le 14e régiment de hussards, c'est le 1er régiment de chasseurs qui laisse à Alençon le plus grand souvenir puisqu'il reste au quartier de 1919 à 1939. Le 501e régiment de chars de combat, qui est entré dans notre cité le 12 août 1944 avec la 2e division blindée, s'installe en 1945 suivi par le 13e régiment de dragons en 1948, qui est dissous le 31 décembre, puis par le 3e régiment de hussards de 1949 à 1960. En 1951, le nom de Lyautey est substitué à celui de Valazé. Le 3e régiment de hussards est remplacé par le centre militaire de formation professionnelle jusqu'en 1969 et, la même année, le quartier est occupé par le centre mobilisateur n° 35, dissous le 30 septembre 1991 mettant ainsi un terme à la présence militaire à Alençon.

L'escadron du capitaine Paul de Bournazel, père de Henri de Bournazel, *L'homme rouge*, qui s'illustrera dans la lutte contre Abd el-Krim, puis dans la pacification du Tafilalet (Sahara marocain) où il sera tué en 1933. La famille Bournazel habita de 1904 à 1908 au n° 11 de la rue Cazault (actuel n° 19) et c'est au manège du 14e régiment de hussards que Henri de Bournazel prit sa première leçon d'équitation en 1906.

Le 14e régiment de hussards en manoeuvres, en 1912, sur l'emplacement actuel du lycée Marguerite de Navarre.

L'escadron de l'adjudant Jean-Baptiste Bourguelle du 1er régiment de chasseurs en 1939.

L'étendard du 1er régiment de chasseurs.

V

Vie sociale, intellectuelle et artistique

Invitation faite vers 1906 à la vicomtesse de Piolant, épouse d'Amaury d'Aviau de Piolant lieutenant au 14e régiment de hussards, par Madeleine de Lyée de Belleau, rentière, demeurant 48 boulevard Lenoir-Dufresne, actuel n° 64.

Mariage d'Edmond Niverd et de Gabrielle Schuler, le 3 août 1897, à Alençon. Descendant d'une famille de musiciens installée dans notre ville vers 1880 et qui régnera sur la vie musicale alençonnaise pendant 80 ans, Edmond Niverd, né dans le Nord en 1869, est le maître d'oeuvre de toute la vie musicale de la première moitié du XXe siècle. Elève du lycée d'Alençon, il est reçu au baccalauréat et entre au conservatoire dans la classe de contrebasse. A la mort de son père en 1890, il lui succède comme professeur au lycée et à l'école normale d'instituteurs. Egalement professeur à l'école primaire supérieure, il ne cesse d'enseigner qu'à l'âge de 73 ans. C'est son oncle, Emile Niverd, qui ouvre le magasin de musique à l'enseigne de "*Sainte Cécile*." Gabrielle Schuler s'éteint à Alençon le 21 décembre 1957 et Edmond Niverd décède, centenaire, à Paris en 1969. Une rue de la ville porte le nom de son père et de son oncle.

Le maire et les adjoints issus des élections de 1932. De gauche à droite on reconnaît : Charles Chesneaux 1er adjoint, Louis Legout 4e adjoint, Léopold Bailleul maire, Paul Renault 3e adjoint et Lucien Bellesort 2e adjoint.

C'est en 1676 que les jésuites installent leur collège dans un hôtel légué par François Fouquet, archevêque de Narbonne, exilé à Alençon après la disgrâce de son frère, surintendant des Finances de Louis XIV. Il semble que c'est Marguerite de Navarre, vers 1544, qui est à l'origine de la création du collège dans le quartier Saint-Léonard, repris en mains par les jésuites le 1er octobre 1623. Transformé en collège royal après l'expulsion des jésuites, en vertu d'un arrêt du parlement de Normandie du 18 juin 1762, l'oeuvre de ces derniers est poursuivie jusqu'en 1791 par le clergé séculier. Mais en 1794, l'anarchie et la terreur qui règnent partout provoquent le déclin de l'établissement qui ferme ses portes. L'école centrale, installée dans les locaux de l'ancien collège le 2 fructidor an VI (19 août 1798), est fermée le 12 brumaire an XI (3 novembre 1802) en raison de l'ouverture d'un lycée à Caen. Elle est remplacée par une école secondaire le 30 pluviôse an XII (20 février 1804), transformée en collège communal puis royal en 1846. Enfin l'établissement devient lycée en février 1848 et prendra le nom du philosophe Alain, le 25 mars 1955, ce dernier y ayant fait ses études de 1881 à 1886. Désaffectés en 1963, un nouveau lycée Alain ouvre ses portes boulevard Mézeray, les locaux sont occupés par le collège d'enseignement secondaire Charles Aveline de 1967 à 1975 puis sont de nouveau abandonnés. L'aile droite est démolie et les bâtiments sont restaurés pour y installer le Musée des Beaux-Arts et de la Dentelle en 1981, agrandir la bibliothèque municipale en 1983, héberger l'Atelier national du Point d'Alençon en 1987, les archives municipales en 1989 et un auditorium en 1993.

Sur cette photographie de la classe de seconde du lycée, on reconnaît de haut en bas et de droite à gauche : Michel Pillet, Paul Huveline, Albert Chevallier, Bernard Malnou, François Voegeli, Bernard Geneslé, Serge Fauque, Jacques Faverot, Paul Brisset, Raymond Châtelain, André Loth, Albert Pinçon, André Pinchon, Georges Rieussec, Maurice Viel, Françoise Dardenne, Christiane Mensching, Lucette Egret, Marie-Rose Pons, monsieur Tinel professeur de physique, Renée Gallet, Maryvonne Wagner, Jane Caufourier, Raymond Troussard.

C'est en 1843 que l'école normale d'instituteurs est construite par monsieur Dédaux architecte. On aperçoit, à la fenêtre de gauche, l'épouse du directeur.

Les futurs instituteurs de la promotion 1925.

L'école normale d'institutrices, conçue pour accueillir 75 élèves, fût bâtie en 1888 par l'architecte Charles Arnoul.

Entre deux cours, les futures institutrices de la promotion 1915 se reposent dans le jardin.

L'école supérieure de jeunes filles était située sur l'emplacement d'un couvent de bénédictines fondé en 1636 par Geneviève de Flotté. D'abord installée au croisement des rues des Tisons et de Mamers, la communauté pose la première pierre, le 25 juillet 1640, de nouveaux bâtiments, rue du Mans. Comme les autres couvents, la communauté est dissoute en 1792. Les locaux seront successivement occupés par une manufacture de basin sous l'Empire, une fabrique de chapeaux de paille de 1822 à 1829, une filature de chanvre en 1838 qui sera transférée à Ozé après un incendie, une manufacture de mousseline et de Point d'Alençon vers 1857, une école typographique des pupilles de la nation de 1887 à 1894, l'école supérieure de jeunes filles, vers 1898, préfigurant le lycée Marguerite de Navarre et enfin par la résidence Louise Hervieu.

Le groupe scolaire de Courteille, dont la première pierre a été posée en 1933, a été inauguré le 30 septembre 1934.

La classe de madame Désprès de l'école de garçons de Montsort en novembre 1951. L'école de garçons de Montsort a été construite en 1867. De gauche à droite et de haut en bas, on peut reconnaître : Emilie Juhel, Bernard Gautier, René Criée, Yves Brouxel, Yves Poisson, Louis Poisson, Jacques Lanuzel, Gérard Sliwa, Pierre Boivin, Pierre Seigneuret, Achille Aillard, Daniel Adraste, Serge Mangeard, Michel Simon, Pierre Monnier, René Brouxel, Daniel Huchet, Paul Pottier, Alain Linn, Alain Marin, Gérard Charrue, Jean Loyer, Serge Esnault, Jacques Bérard, deux suivants non identifiés, Jean-Pierre Fleury, Claude Rolland, Michel Fresnel et Alain Champion.

La même classe un an plus tard. Daniel Ragaine, Jean-François Malicorne, non identifié, Michel Cornède, Bernard Gautier, suivant non identifié, Louis Poisson, suivant non identifié, Jacques Lanuzel, Michel Morançais, Jacky Hue, Alain Linn, Daniel Adraste, Bernard Hue, Gérard Marchand, suivant non identifié, Paul Pottier, deux suivants non identifiés, Pierre Monnier, Jean-Pierre Geay, Yves Pierron, Jean-Paul Renouvin, Claude Rolland, Michel Fresnel, Jean-Claude Héron, Jacques Bérard, Jean Pierre Fleury, Jacques Laigre, Serge Esnault, Jean Loyer, suivant non identifié.

Une classe de filles de l'école Masson en 1960. L'école Masson est située sur l'emplacement du couvent des Filles Sainte-Claire fermé comme les autres communautés religieuses en 1792. C'est dans la chapelle de ce couvent qu'est inhumé, en 1673, François Fouquet archevêque de Narbonne qui avait légué son hôtel aux jésuites pour y installer leur collège. Le général Bonet, qui avait acquis la propriété en 1813, la vend en 1825 à Pierre-Jacques Masson, notaire et conseiller municipal. Après le décès de ce dernier, les héritiers cèdent l'hôtel le 30 avril 1872 à la ville d'Alençon qui le transforme en école.
De gauche à droite et de haut en bas, on peut reconnaître : Micheline Lemonnier, Viviane Bigot, Madeleine Guillin, Marie-Claire Leylavergne, Christiane Lestrelin, Annick Leclerc, Ghislaine Bigot, Denise Lebailly, Joëlle Delorme, Françoise Estivalet, Lyliane Tronchet, Annick Bois, Annick Quenet, Annick Guibert, Françoise Doron, Marie-Françoise Le Bail, Marie-Thérèse Tabouet, Michèle Beaumont, Marie-France Leylavergne, Joëlle Dureau, Monique Berson, Ghislaine Poussier, Josiane Caron, Michèle Thérou, Françoise Ramage, Michèle Moy, Paulette Mancelle, Odette Huard.

C'est en janvier 1885 qu'est fondée une société civile d'enseignement secondaire libre sous le nom d'Externat Saint-Blaise. La première rentrée scolaire, en octobre, ne compte qu'une dizaine d'élèves dans deux petites maisons situées quelque part entre les rues Porchaine et des Marcheries. Un premier corps de bâtiment est construit en 1888 rue La Billardière. La première aile est édifiée vers 1900 et la seconde en 1908.

De gauche à droite et de haut en bas, on peut reconnaître : Yves Le Noach, Christian Joseph, Jean-Louis Rouyer, non identifié, François de Sainte Preuve, Jean Lefébure-Dubus, Michel Chevalier, Georges-Dominique Guillot, Paul Fourmond, Dominique Perrin, Michel Couture, Bernard Kosselek, Bernard Dupuis, Christian Louveau, non identifié, Philippe Sevaux, Serge Beaujouan, Michel Cormier, Serge Ourry, Gérard Lecoq, Jean-Claude Flament, Marie Mongaudin institutrice, Bernard Mars, François Léger, Yves Bozo.

L'école libre Jeanne d'Arc, actuelle Immaculée Conception, 9 rue du Pont-Neuf, en 1912-1913. On reconnaît de gauche à droite : Georgina Mahieu, Louise Thiboust, L. M. Moncenis, Marie Marchand, Eugénie Thiboust et Charlotte Ligeard.

Souvenir des "*Femmes savantes*" de Molière, jouée le 23 décembre 1922, par des élèves de l'école libre de l'Institution Notre-Dame rue de Lancrel.

La communauté de la Providence est fondée en 1722 rue de la Fuie des Vignes, par Pierre Belard curé de Notre-Dame, pour apprendre à travailler “aux enfants du sexe”. Les bâtiments actuels de la rue de la Poterne sont construits en 1825 par le général Bonet et vendus à la Providence en 1859 après le décès du général. C’est depuis 1853 que la vocation de la congrégation s’inscrit dans l’éducation des aveugles et des déficients auditifs.

L’institution Sainte-Marie, située 4 bis rue Porte de la Barre et 33 rue du Château, fut fermée vers 1950.

C'est en 1828 que le baron Jacques Mercier fait bâtir une salle de spectacle inaugurée le 26 mai de l'année suivante. Achetée par la ville en octobre 1841, elle devient théâtre municipal en 1847 et reçoit de nombreuses troupes réputées. Sarah Bernhard y joue *"La dame aux camélias"* en 1909. Le théâtre est malheureusement démoli en juillet 1951 sans aucune contrepartie, pour permettre l'ouverture de la rue De Lattre de Tassigny.

Projet de restauration du théâtre, en 1875, par l'architecte Amédée Hédin.

PAR PERMISSION DE M. LE MAIRE.

THÉATRE D'ALENÇON

DIRECTION DE M. GAUBERT-O'VERNEUIL

JEUDI 19 NOVEMBRE 1874

Représentation de haute comédie, spectacle choisi

DEUX PIÈCES QUI N'ONT JAMAIS ÉTÉ JOUÉES

LES

CONTES

DE LA

REINE DE NAVARRE

OU LA REVANCHE DE PAVIE

Pièce historique en cinq actes, par MM. SCRIBE et LEGOUVÉ, de l'Académie Française.

Costumes riches sortant des premières maisons de Paris.

Premier acte.

LES TROIS GRANDS POLITIQUES

Deuxième acte.

TOUT EST PERDU FORS L'HONNEUR

Troisième acte.

RUSES ET ADRESSES DE FEMME

Quatrième acte.

CE QUI PLAIT AUX DAMES

Cinquième acte

LES CONTES DE LA REINE DE NAVARRE

DISTRIBUTION

Charles-Quint, Empereur et Roi d'Espagne.................. MM. DALBIN.
François Ier, roi de France.... SELMY.
Guattinara, premier ministre.. G. POLLET.
Henri d'Albret, gentilhomme béarnais.................... VALBREY.
Babiéça, courrier de cabinet.. HALBERT.

Marguerite, sœur de François Ier Mmes LEBRETON
Isabelle de Portugal, fiancée de Charles-Quint................ MARTHE.
Eléonore de Portugal........... LECLERC.
Premier officier de la maison du roi........................ MM. BOUVET.
Deuxième officier de la maison du roi....................... ANTONIN.

PRIX ORDINAIRE DES PLACES

Ouverture des bureaux à 7 h. 1/4. — Lever du rideau à 8 h. précises.

Alençon. — Imp. et Lith. E. PESSEY, rue du Jeudi, 12.

Programmes du théâtre.

Bureaux : 20 h. 15

Rideau : 20 h. 45

THÉATRE MUNICIPAL — ALENÇON

Jeudi 13 Octobre 1927

300 REPRÉSENTATIONS AU THÉATRE COMŒDIA

Le plus gros succès de fou rire joué par

Mlle RENÉE-ROSE

l'exquise artiste des Bouffes-Parisiens

M. DOLBEAU du Vaudeville

M. Paul ARBOIS de Déjazet

Premier acte

L'INDISCRÈTE CURIOSITÉ

Deuxième acte

LE FRUIT DÉFENDU

Troisième acte

MON FRÈRE DE LAIT

Quatrième acte

AH !.. LES POULES !..

avec

Mlle LIZEROLLE de Ba-Ta-Clan

M.P. MORINA de la Scala

Mme DESVARENNES l'Eldorado

SAVARY | DUROC

MAXIME TATOH

de Pierre Palau et M. Nancey

PRIX DES PLACES DES GRANDES TOURNÉES

Location comme d'usage

Emilie André, artiste de music-hall, photographiée par Félix Nadar, adopte le pseudonyme d'Emilienne d'Alençon lors d'un passage dans notre ville en 1890. Quelques années plus tard, elle défraye la chronique du *"Tout Paris"* par ses relations avec les fils de familles dirigeantes de l'économie et de la finance, en ruinant quelques uns. Vivant quelque temps dans l'entourage de Coco Chanel, Emilienne d'Alençon est l'une des *Trois grandes* avec la Belle Otéro et Lyane de Pougy.

La bibliothèque municipale est installée dans l'ancienne église des jésuites bâtie en 1679. Créée pendant la Révolution, elle est d'abord bibliothèque de l'Ecole Centrale et inaugurée le 10 mars 1799. La bibliothèque, qui devient municipale par arrêté du 28 janvier 1800, possède environ 80.000 volumes anciens et modernes dont un évangéliaire du IXe siècle, des incunables et de beaux manuscrits provenant, en grande partie, d'établissements religieux.

L'hôtel Libert 1, rue du Cygne, construit en 1730 par Jean-Baptiste Boullemer de Montigny président du Présidial d'Alençon, tire son nom du docteur François-Jacques Libert, époux de Eulalie-Elisabeth Jorré Lamorinière qui avait hérité de l'hôtel. Ce dernier fut la propriété de la Société Historique et Archéologique de l'Orne de 1926 à 1976.

Aquarelle réalisée en 1912 par Silas Broux professeur de dessin, reproduite en carte postale. De gauche à droite, on reconnaît : Edouard Le Prêtre, Marguerite Boutry, Paul Le Prêtre et René Romet.

En 1945, quelques camarades constituent l'orchestre de Pierre Nill's, anagramme de Pierre Sellin. Pour sa première prestation, le bal de la S.N.C.F. qui a lieu sous la coupole de la halle aux blés, la formation, qui a longuement répété dans le garage du père des frères Sellin, est constituée de Jacques Vernejoul au piano, de Pierre Sellin à la trompette, de Claude Renvazé à la batterie, de Henri Berthelot et de Jacques Sellin aux saxophones, de Jacques Romieux à l'accordéon, de Claude Aubert au banjo et de Pierre François et Christian Galerne aux clarinettes.

VI
Sport et santé

L'école de natation, avant l'ouverture de la piscine Marcel Hébert inaugurée le 29 mai 1960, était installée depuis 1890 dans un terrain appelé le *Pré aux Dames* et dans un bras de la Sarthe auxquels on accédait par la rue de l'Isle.

Cet établissement avait succédé à une école, installée en 1878 et abandonnée en 1882, située sous le pont reliant actuellement le Plénître au Champ Perrier. Cependant, il semble que le premier établissement de bains froids de notre ville ait fonctionné au *Pré aux Dames* de 1866 environ à 1875.

L'Etoile alençonnaise, en 1917, était dirigée par l'abbé Vaucanu (sixième personne debout à partir de la gauche) et par Victor Bourlier (onzième). Dans la même rangée, (troisième) monsieur Boucher et (dixième) Robert Desarthe. La 6e personne à genoux est André Poisson qui sera maire-adjoint d'Alençon et président du Club sportif alençonnais. Assis, les deux premiers personnages sont Edouard Mars, mort en déportation, et Maurice Vallée.

L'Etoile alençonnaise en déplacement à Sées en 1919.

Démonstration de gymnastique de l'Etoile alençonnaise vers 1927.

L'équipe cadette du Club sportif alençonnais de la saison 1959-1960. On peut reconnaître de gauche à droite et de haut en bas : Hubert Legraverand, Alain Thomassin, Jacky Breton, Guy Juin, Guy Mauger, Roland Hénaff, non identifié, Daniel Blaquière, Alain Pons, Guy Gautier, Gilbert Chevalier, Alain Lefèvre.

L'équipe du club sportif alençonnais de la saison 1968-69 qui gagna, en division d'honneur régionale, la Coupe de Normandie le 15 mai 1969 à Deauville contre Yvetot par 3 buts à 2. Deux buts furent marqués par Christian Mabile et le troisième sur penalty par Bernard Beuzelin. De gauche à droite et de haut en bas, on reconnaît : Michel Leblanc, Daniel Beaudouin, Alain Aubry, Marcel Cordier, Daniel Leroy, Alain Lefèvre, Yves Jaminion, Bernard Beuzelin, André Vigier, Michel Cuesta, Claude Thomas, Jacques Andrzejewski, Christian Mabile.

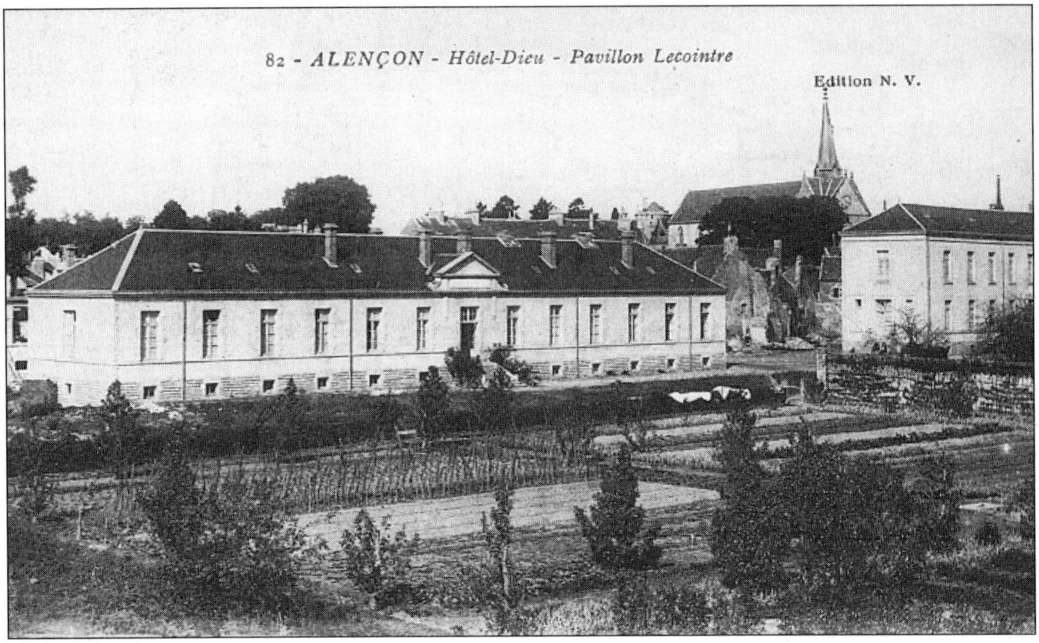

C'est en 1204 que l'on relève pour la première fois l'existence de l'hôtel-Dieu établi sur l'emplacement actuel du Champ du Roi. Démoli en 1358, il est reconstruit de l'autre côté de la Sarthe. La première pierre du second établissement hospitalier fondé "pour y recevoir, nourrir et exciter au travail les pauvres et pour y renfermer les vagabonds et les fainéans" est posée le 12 avril 1728 par le nouvel intendant Lallemant de Lévignen.

C'est Elisabeth d'Orléans duchesse de Guise et d'Alençon, cousine germaine de Louis XIV qui, en 1676, fait venir les Filles de Saint-Vincent-de-Paul pour assister les pauvres de l'hôtel-Dieu. En 1965, après 289 années de présence et de dévouement, les religieuses quittent l'établissement. C'est dans la pharmacie, rénovée en 1988, que s'est installée la Direction générale du Centre hospitalier.

Les locaux de la lingerie et de la buanderie ont été rénovés et ont conservé leurs attributions.

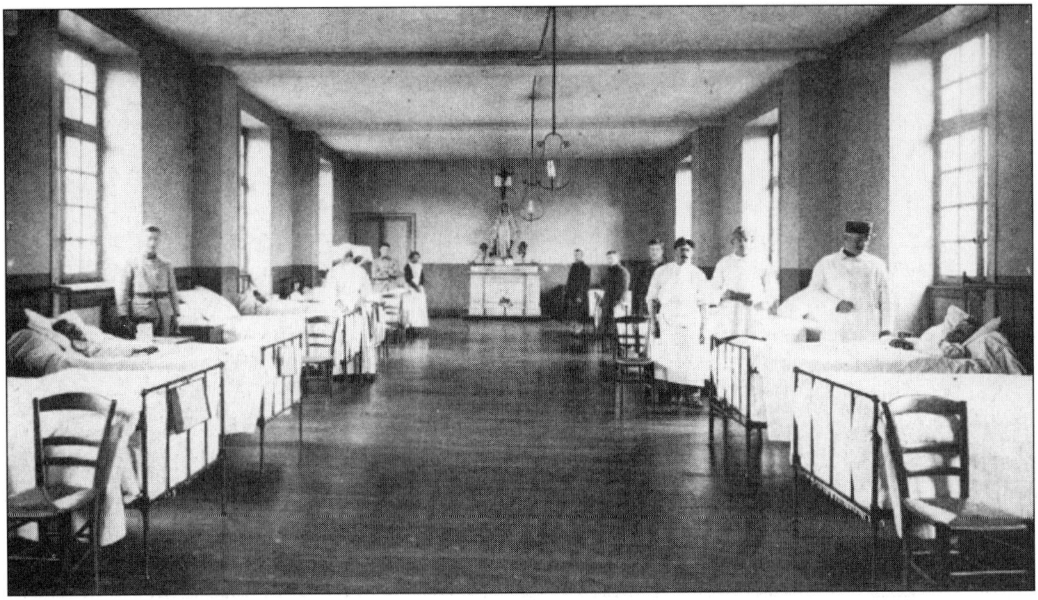

Le pavillon Saint-Jacques, affecté aux militaires, est construit en 1880. C'est le 27 juin 1937 qu'est inaugurée une plaque en l'honneur de René des Genettes dans le hall de ce bâtiment qui allait porter dorénavant son nom. René Dufriche des Genettes, né à Alençon le 23 mai 1762, fut médecin de l'armée d'Egypte, directeur du Val de Grâce, médecin de la Grande Armée et médecin en chef des Invalides. Rénové en 1949, 1953 et 1986, ce pavillon abrite aujourd'hui le service social et les convalescents.

Bâti en 1908, le pavillon des vieillards restauré en 1954, est maintenant celui de la pédiatrie!

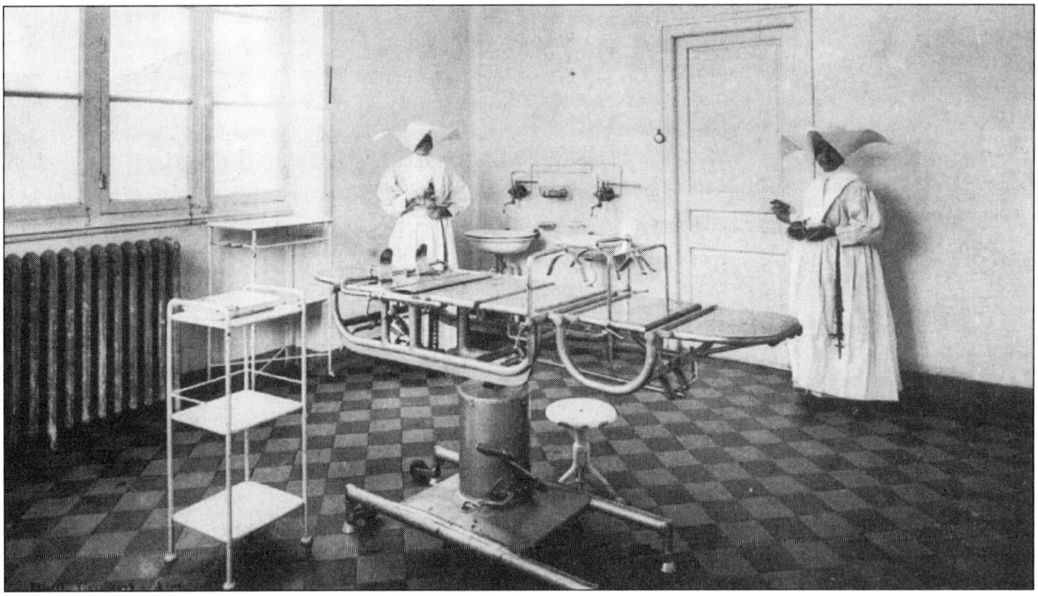

Ce pavillon construit en 1912 et démoli en 1986, portait le nom d'Eugène Lecointre, maire d'Alençon de 1868 à 1871, qui, pendant la guerre de 1870, préserva le quartier de Montsort de la destruction et fut pris en otage par les Prussiens pour avoir refusé de verser une contribution de guerre. Après avoir renoncé à la vie politique, Eugène Lecointre fut administrateur de l'hôtel-Dieu.

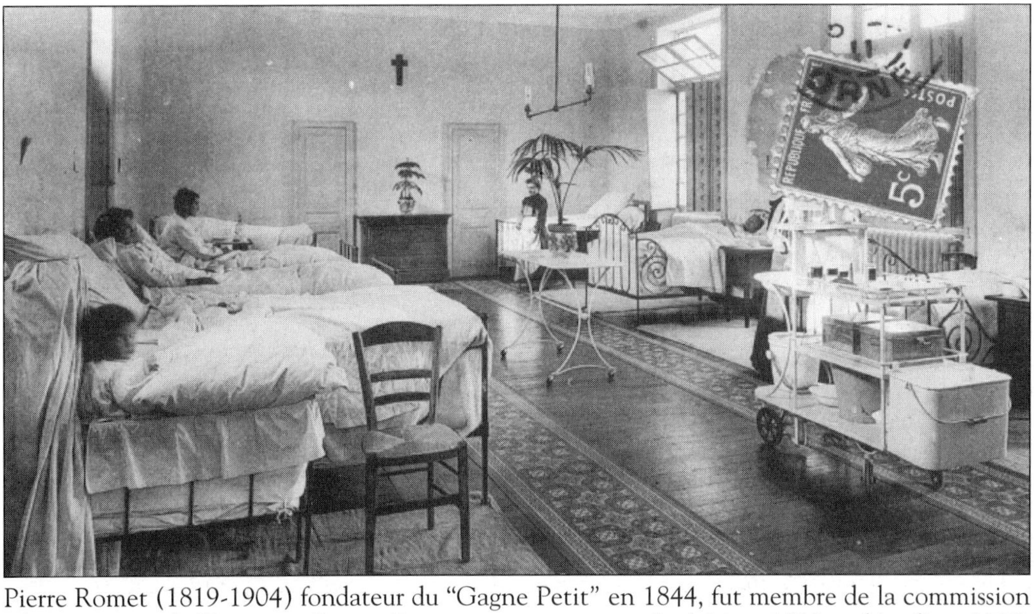

Pierre Romet (1819-1904) fondateur du "Gagne Petit" en 1844, fut membre de la commission administrative de l'hospice. Ce pavillon, qui porte son nom fut bâti en 1912 et démoli en 1988. Les pavillons Lecointre et Romet ont été remplacés par un nouveau bloc hospitalier.

Anne-Marie Javouhey, née à Jallanges (Côte d'Or) le 10 novembre 1779, est la fondatrice de la congrégation des soeurs de Saint-Joseph de Cluny. De passage dans notre ville en 1828, elle prend connaissance, avec horreur, du triste état du Dépôt de mendicité qu'elle réorganise. En 1845, elle reprend en main l'orphelinat-pensionnat de la rue Candie. Après avoir parcouru le monde pour catéchiser, bâtir des écoles et fonder des hôpitaux, Dieu rappelle à lui Anne-Marie Javouhey le 15 juillet 1851. C'est le 15 octobre 1950 que le pape Pie XII prononce sa béatification. Le puissant levier qui a orienté toute sa vie fut l'amour de Dieu. Mais réaliste, elle disait : "Je ne ferai point consister mon amour en paroles, mais dans les oeuvres." En 1885, un arrière petit-neveu d'Anne-Marie, Jean-Louis Javouhey, s'installe comme pâtissier à l'actuel n° 61 de la Grande Rue. Décédé en 1917, son fils Albert lui succède jusqu'à sa mort en 1948. Son épouse prend la relève jusqu'en 1951 date à laquelle elle vend le fonds à monsieur Mathys, qui garde l'enseigne Javouhey quelque temps encore.

C'est en 1774 qu'est décidé la construction d'un Dépôt de mendicité destiné "à renfermer les mendiants, vagabonds et gens sans aveu, pour servir aussi de maison de force, afin d'offrir un refuge, tant aux malheureux frappés d'aliénation mentale qu'aux mauvais sujets. Les filles sans moeurs, les enfants insubordonnés, les vénériens, etc... y seront aussi renfermés." Le projet est approuvé en 1778 et c'est alors que des malheureux mal nourris, mal vêtus, frappés et chargés de chaînes sont enfermés dans des cachots humides et infects. Les deux sexes sont confondus, couchant par terre sur de la paille rarement renouvelée. En 1821, l'abbé Gautier, décrit l'endroit, transformé en prison pendant la Révolution, de la façon suivante : "Ne percez pas le mur. Si vous pénétrez à l'intérieur, vous y verrez le rassemblage de toutes les misères humaines. Vous verrez l'imbécile qui n'a jamais produit une seule idée, le fou joyeux dont les idées singulièrement disparates excitent la surprise et l'admiration, et le furieux qui pousse des cris menaçants et fait effort pour briser les verroux de sa loge. Une personne calme, tranquille, douce comme un ange, dans un instant c'est un énergumène qui se tord les membres et bat la terre de son front ; une pauvre ingénue qui verse des larmes amères sur les suites d'une première faiblesse, un vieux débauché qui n'a jamais senti le remords et un misérable, qui a pris quelques épis de blé dans un champ pour sauver sa vie." Anne-Marie Javouhey, en 1828, nous donne sa vision : "C'est une maison composée de 80 aliénés des deux sexes et de 40 ou 50 autres malheureux. Cette maison était dans un état déplorable depuis de longues années. Il y avait au moins 15 furieux qu'on n'osait aborder qu'avec la force armée. Plusieurs d'entre eux ne portaient aucun vêtement depuis 2 à 3 ans. Ils avaient des barbes jusqu'à la moitié de la poitrine, ils se fourraient dans la paille comme des chiens en poussant des cris et des hurlements. On trouva le cadavre d'un aliéné mort dans sa loge depuis quelques jours sans que personne s'en fut aperçu. Dès le lendemain, nous nous mettons en devoir de calmer les furieux. Dans trois jours, nous parvenons à les habiller, changer, tranquilliser, de manière que la plupart travaillèrent au jardin. Ils ne voulaient voir personne, que les soeurs qu'ils regardaient comme des anges. Enfin de loups furieux, ils sont devenus des agneaux." Les religieuses de Saint-Joseph de Cluny conserveront la responsabilité de l'établissement durant 143 années en faisant toujours preuve d'un grand dévouement. Le Dépôt de mendicité, appelé également *Bicêtre*, est transformé en 1831 en hospice départemental des aliénés et déclaré établissement d'utilité publique en 1832. L'établissement devient hôpital psychiatrique après la Seconde Guerre mondiale, puis centre psychothérapique. Un personnel diplômé de plus en plus nombreux est recruté, ce qui entraîne une évolution qui n'est pas toujours compatible avec les convictions de la congrégation. Puis l'âge des religieuses et le manque de relève entraînent le départ de la communauté en 1971.

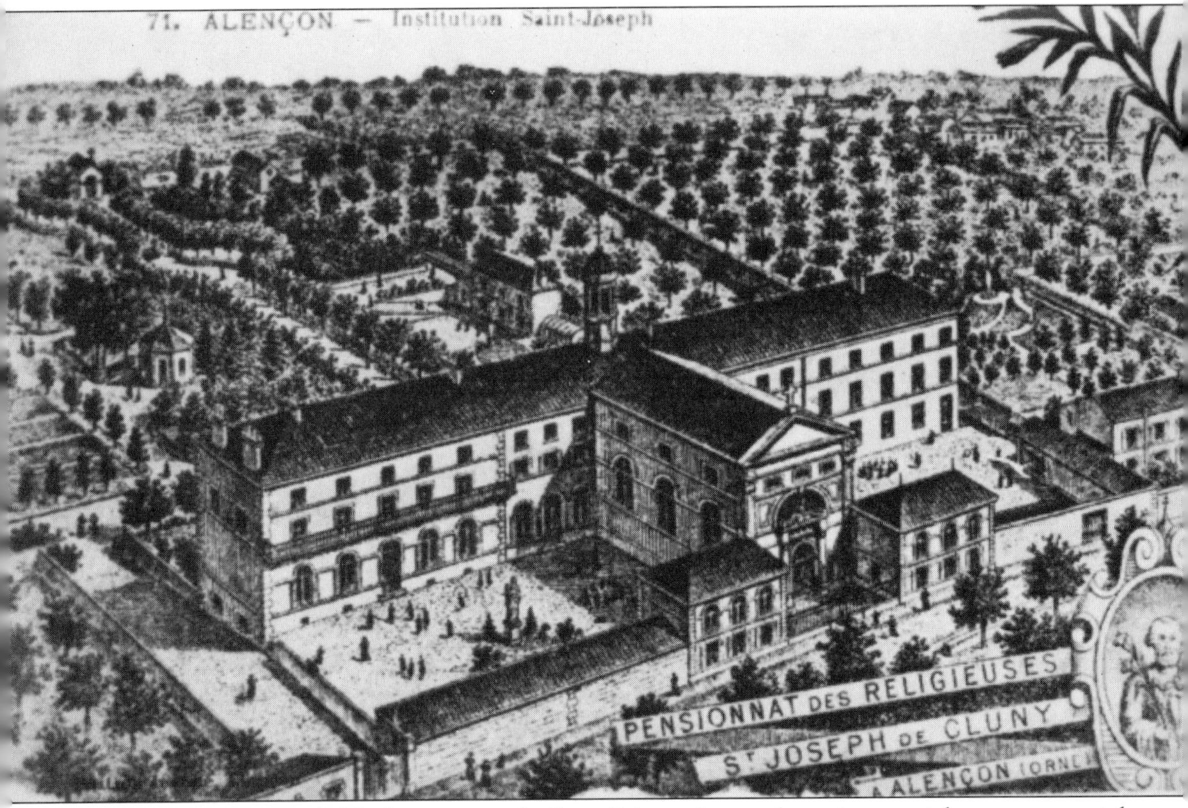

C'est en 1843 que l'abbé Jamot, curé de Saint-Léonard et un des précurseurs des oeuvres sociales d'enseignement et d'aide charitable dans notre ville, fonde un orphelinat-pensionnat dans un bâtiment de la rue Candie, construit vers 1840, destiné à l'origine à être une "*maison de plaisir*". La mauvaise gestion financière de l'abbé l'oblige à faire appel à son évêque qui le met en rapport avec Anne-Marie Javouhey qui reprend l'établissement en 1845. Le pensionnat ferme ses portes le 31 juillet 1903, les soeurs de Saint-Joseph n'ayant plus le droit d'enseigner. Une partie des bâtiments est affectée à l'oeuvre des Dames pensionnaires jusqu'en 1944 date à laquelle les locaux accueillent la maternité de l'hôpital. L'orphelinat, quant à lui, cesse de fonctionner en 1948. Enfin, c'est en 1905 que l'oeuvre enseignante d'Anne-Marie Javouhey est transformée en oeuvre hospitalière. La clinique Saint-Joseph ouvre ses portes le 8 décembre, gérée par les religieuses jusqu'à sa privatisation en 1975. Les soeurs continuent cependant d'exercer leur apostolat jusqu'en avril 1988 date du départ définitif de la congrégation après 160 années de présence.

III
Les faits marquants

La Dentelle

La mode de la dentelle qui apparaît au XVIIe siècle, donne à notre ville une renommée universelle. C'est au-delà des premières civilisations et aux temps des premiers essais de tissage qu'il faut placer les débuts de la broderie. Cette activité née en Asie, gagne d'abord l'Egypte, la Grèce, Rome. Dès la fin du XVe siècle, Alençon paraît travailler à divers genres de broderies sur étoffes et sur toiles. Nous savons qu'en 1492, Marguerite de Lorraine fit don à l'église Saint-Léonard d'un manteau de broderie et c'est par Marguerite d'Angoulême que notre ville semble avoir connu le point-coupé, introduit en France par Catherine de Médicis qui avait reçu le duché d'Alençon en 1559. Ces deux princesses, en effet, vécurent ensemble à la Cour de 1533 à 1549. Au milieu du XVIIe siècle, Alençon constitue un centre industriel remarquable et presque toutes les familles de notre ville participent à l'ensemble des travaux à l'aiguille. On peut s'étonner d'apprendre que même les enfants, les hommes et les vieillards y travaillent. C'est à partir de 1650 que madame La Perrière, née à Alençon vers 1605, imite et perfectionne le Point de Venise dont la production emploie environ 900 dentellières alençonnaises réparties en de multiples entreprises particulières soit environ le dixième de la population, proportion élevée qui donne une idée de l'activité industrielle qui règne chez nous à cette époque dans les arts de l'aiguille. Mais la suprématie de la dentelle italienne détourne l'argent de France au profit de l'Italie. C'est pourquoi, le 5 août 1665, Colbert fonde dans notre cité une manufacture royale chargée de produire du Point de France, imposant un monopole de dix ans, interdisant les entreprises individuelles et obligeant les dentellières à travailler à la manufacture. Par ailleurs, l'importation de dentelles étrangères est prohibée. Ce monopole, évidemment mal accepté, est si combattu qu'en 1675 il n'est pas renouvelé, ce qui permet alors à l'industrie dentellière de connaître une prospérité remarquable. Cependant ces dix années auront permis la création d'un style qui aboutira au Point d'Alençon, appelé ainsi à partir de 1663. Cette prospérité permet à monsieur Mercier de fonder la fabrique du Point d'Alençon en 1760. Mais la dentelle subit à partir de 1780 une crise très grave dont elle ne s'est jamais réellement relevée et le nombre des dentellières tombe de 8000 à 1500. La production est ranimée par le baron

Mercier, petit-fils du précédent, qui, vers 1830, tente de faire appliquer, sans grand succès, du Point d'Alençon sur un tulle mécanique. Après un nouvel essor au milieu du XIXe siècle au cours duquel elle remporte un triomphe à l'Exposition Universelle de Londres en 1851 où "*la dentelle d'Alençon est la reine des dentelles*", et un diplôme d'honneur à l'exposition de Vienne en 1873, elle est encore admirée aux expositions de Philadelphie en 1876 et de Paris en 1878. Mais en 1880, le déclin commence face à la concurrence de la dentelle mécanique et son industrie cesse définitivement vers 1925. Cependant la tradition ne s'est pas perdue grâce à la fondation d'une école dentellière en 1903, et aujourd'hui la dentelle d'Alençon se maintient grâce à l'existence de l'Atelier National du Point d'Alençon créé en 1976, où une dizaine de dentellières la perpétue au titre de la "sauvegarde du patrimoine national."

Mouchoir en Point d'Alençon offert en 1893 par la ville à Marie Féodorovna, impératrice de Russie, fabriqué par l'établissement des soeurs Hurel, situé 83 rue Cazault (actuel 105 ou 109). Ce cadeau fut offert à l'occasion des fêtes franco-russes du 15 octobre symbolisant la fraternité et l'amitié des deux nations. Le mouchoir porte les armes de Sa Majesté l'empereur Alexandre III, signataire d'une alliance avec la France, et celles de la Grande Catherine. Un écrin et un éventail accompagnaient le mouchoir.

La maison Huignard, qui fut fondée en 1840, occupait encore vers 1905 deux cents ouvrières et obtint de nombreuses récompenses aux différentes expositions universelles auxquelles elle participa. Cet établissement, situé à l'actuel n° 31 de la rue de l'Ecusson, ferma ses portes vers 1927-28.

Photo G. Maurer, Alençon
Cours d'Apprentie Écolière
ÉCOLE DENTELLIÈRE D'ALENÇON
48, Rue Saint-Blaise

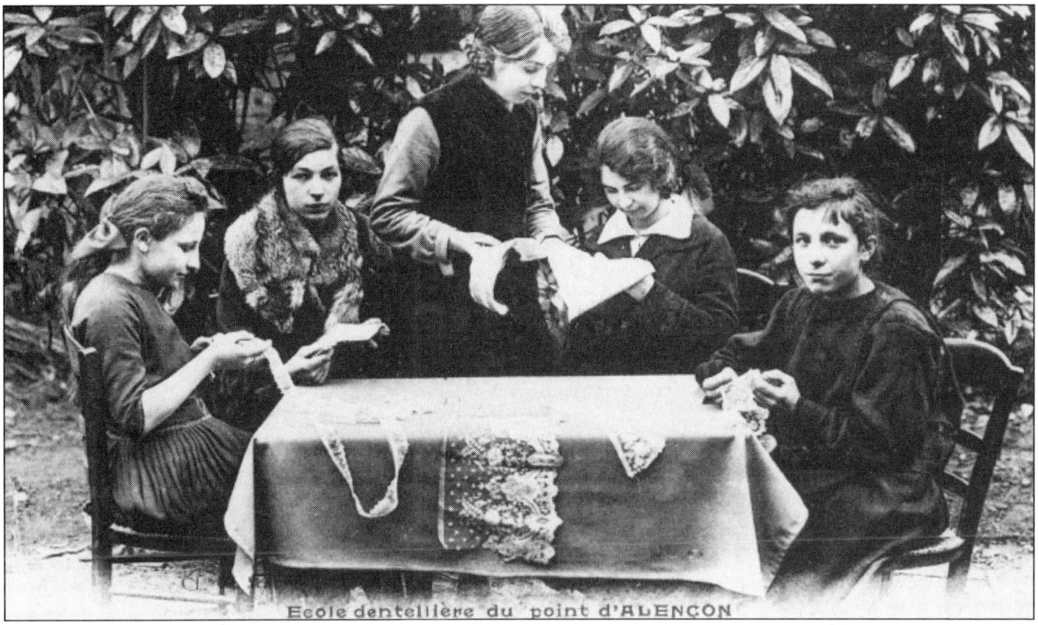

C'est le 11 décembre 1897 que la chambre de commerce propose la création d'une école dentellière à la municipalité afin de relancer la vente du Point d'Alençon et de sauver l'industrie de la dentelle qui se meurt. Il ne reste plus, en effet, que deux fabricants à Alençon. Ce déclin est dû à la mode changeante et à la concurrence de la dentelle mécanique. Mais il faut attendre le 8 mai 1903 pour que la chambre de commerce prenne une décision définitive, appuyée par le Conseil municipal le 28 juillet. Ouverte le 16 novembre, l'école, qui est aussi un atelier de fabrication et une maison de vente, est d'abord établie sur l'emplacement actuel du n° 56 de la rue Saint-Blaise jusqu'en 1938, date à laquelle, prise en main par les soeurs de la Providence, elle déménage dans un immeuble appartenant à la congrégation situé à l'actuel n° 31 de la rue du Pont-Neuf.

ÉCOLE DENTELLIÈRE DE POINT D'ALENÇON - 48, Rue Saint-Blaise
FONDATION DE LA CHAMBRE DE COMMERCE
Cours d'Apprentissage -- Providence d'Alençon -- Rue de la Poterne
Photo Crelard - Alençon

Sainte Thérèse de l'Enfant-Jésus.

C'est au domicile de ses parents, fabricants de Point d'Alençon, que naît Thérèse Martin le 2 janvier 1873. Un mois après sa naissance, l'enfant est si gravement malade que l'on redoute une mort prochaine. L'enfance de Thérèse est heureuse. Elle vit dans un milieu empreint d'un sentiment de dévotion à l'égard de Dieu, accentué par la personnalité de ses parents dont les vocations religieuses ont été contrariées et qui comptent dans leur parenté des membres du clergé. Madame Martin meurt en 1877 d'un cancer. Louis Martin liquide alors ses affaires et s'installe à Lisieux. Thérèse est capricieuse, émotive, volontaire, capable de fortes colères, éprise de savoir et passionnée de vérité. A 8 ans, elle entre au pensionnat des Bénédictines où elle restera cinq années. A 10 ans, Thérèse tombe malade. Elle est la proie de crises de frayeur et d'hallucinations. De longs évanouissements la laissent insensible pendant des heures. Le médecin diagnostique une "maladie grave dont jamais aucune enfant n'a été atteinte." De cette épreuve, Thérèse reste psychologiquement fragile et son entourage s'efforce de ne pas la contrarier afin d'éviter les rechutes. Le jour de sa seconde communion, elle sent naître un grand désir de souffrance. "Jusqu'ici" écrit-elle, "j'avais souffert sans aimer la souffrance, depuis ce jour, je sentis pour elle un véritable amour." C'est pendant la nuit de Noël 1886 que Thérèse décide d'être carmélite. Elle pense que le monde regorge d'âmes en perdition et qu'il faut les sauver à tout prix, notamment par la souffrance car celle-ci est rédemptrice ainsi que l'a montré le Christ. Après bien des difficultés, Thérèse Martin est admise au Carmel de Lisieux le 3 avril 1888. En prononçant ses voeux le 24 septembre 1890, elle devient soeur Thérèse de l'Enfant-Jésus et de la Sainte-Face. Il est bon de préciser qu'un Carmel est un couvent où les religieuses cloîtrées cherchent Dieu par la prière. Obéissance, humilité, charité, détachement absolu de toutes choses et surtout l'amour des souffrances poussé jusqu'à l'étude de la science de souffrir qui demande la pénitence, le renoncement et la mortification, tels sont les points essentiels des règles du Carmel que soeur Thérèse suit avec enthousiasme. Affectée au travail de la sacristie, elle est chargée de la confection d'images. Elle dessine, peint les murs, compose quelques tableaux et s'essaie même à la fresque. Sur l'une d'elles, Thérèse se représente auprès du Christ. Son désir d'être humiliée est exaucé dans des travaux mineurs : balayage, vaisselle, lessive, etc. C'est en 1894 qu'elle commence à ressentir des douleurs dans la poitrine. Sa santé délicate résiste mal aux rigueurs de la vie conventuelle. Aux fatigues et aux mortifications se mêle la douleur de la perte de son père qui, atteint de folie, meurt le 29 juillet. Un jour, des voix intérieures lui suggèrent que toute sa vie spirituelle n'a été qu'illusion et qu'elle va mourir jeune pour rien. Mais une nuit, elle rêve qu'une carmélite espagnole lui annonce que Dieu est très content d'elle. En 1896, la maladie se fait plus présente. A mesure que les jours passent, ce sont des vomissements, des fièvres, de très vives douleurs dans la poitrine, des étouffements, des crachements de sang et de longues quintes de toux. Elle connaît toutes les humiliations d'une grabataire totalement dépendante de son entourage. Consciente, insomniaque, elle est toujours gaie et contente. Elle annonce qu'après sa mort, elle répandra une pluie de roses sur la terre, exprimant par là son désir de faire le bien. Fin août 1897, le médecin annonce : "La tuberculose est arrivée au dernier degré." Le mot, tabou à l'époque, est prononcé. Après une agonie de 15 jours, Dieu la rappelle à lui le 30 septembre 1897, âgée de 24 ans. Après sa mort, la popularité de Thérèse est immense. Etonnant paradoxe, la petite moniale qui n'a jamais quitté son Carmel est maintenant universellement connue. Durant la Première Guerre mondiale, elle est la sainte des armées. En 1921, le pape promulgue l'héroïcité de ses vertus. Après l'examen de deux miracles choisis parmi des centaines, elle est béatifiée en 1923 et inscrite au catalogue des saints en 1925. Enfin, Pie XII, en 1944, proclame Thérèse "Patronne secondaire de la France à l'égal de sainte Jeanne d'Arc." Une procédure visant à faire nommer sainte Thérèse de l'Enfant-Jésus (et non de Lisieux) Docteur de l'Eglise est en cours.

Cette photographie a été prise lors d'une visite qu'il lui fit au Carmel de Lisieux en 1890, par Vital Romet, pharmacien à Alençon, frère de Pierre, et parrain de Thérèse Martin.

Sur cette carte postale de 1913, la chapelle qui jouxte la maison natale de sainte Thérèse n'est pas encore bâtie. L'édifice sur l'emplacement où elle fut construite était précédée d'une étroite cour fermée par une grille et était habitée par l'avocat Henri Renault du Motey.

Intérieur de la chapelle, édifiée par le Carmel de Lisieux en 1925, communiquant à droite avec la chambre natale de sainte Thérèse.

Du 26 au 28 avril 1929 se déroulent des fêtes en l'honneur de sainte Thérèse sous la présidence de monseigneur Du Bois de la Villerabel, archevêque de Rouen. Cette carte postale représente la procession du 28 avril.

La libération d'Alençon par le général Leclerc

Philippe de Hauteclocque, futur maréchal Leclerc, né en 1902 à Belloy-Saint-Léonard dans la Somme, porte un nom cher aux Alençonnais. En effet, son oncle Wallerand de Hauteclocque, fut lieutenant-colonel au 14e régiment de hussards et son cousin Bernard s'engagea comme cavalier dans le dit régiment. Tous deux furent tués le 22 août 1914 en Belgique et madame de Hauteclocque résida dans notre ville jusqu'à son décès en 1953. En 1940, le capitaine Leclerc se rallie au général de Gaulle qui l'envoie comme commandant en Afrique. Le 1er mars 1941, il prend Koufra, en Libye, où il fait prononcer à ses troupes le serment suivant : "Jurez de ne déposer les armes que lorsque nos couleurs flotteront sur la cathédrale de Strasbourg." C'est alors la remontée fulgurante et irrésistible par la Tunisie, l'Algérie et le Maroc où il organise la 2e division blindée qui débarque en Normandie le 1er août 1944. Alençon, Paris et Strasbourg sont libérées. Le serment de Koufra est tenu. C'est le général Leclerc qui entre à Berchtesgaden le 5 mai 1945. Nommé ensuite commandant des troupes françaises en Extrême-Orient, il représente la France lors de la capitulation du Japon. L'année suivante, il est promu inspecteur général en Afrique du Nord où il trouve la mort, le 28 novembre 1947, dans son avion qui s'écrase près de Colomb-Béchar en Algérie. Lorsque le général Leclerc débarque en Normandie le 1er août 1944, il s'enfonce d'abord vers le sud pour remonter en direction d'Alençon à la rencontre des troupes alliées qui descendent du nord vers Argentan, afin de prendre les Allemands en tenaille. La prise de notre ville n'est pas envisagée. Ce sont les événements qui en donnent l'opportunité au général. Après de durs combats, la 2e D.B. s'installe à Champfleur le 11 août pour passer la nuit. C'est alors qu'un jeune alençonnais, Raymond Ciroux, fait savoir que les Allemands ne sont pas nombreux dans notre ville et que les ponts ne sont pas minés. Le général Leclerc décide alors d'investir Alençon. Arrivant par la route d'Ancinnes, les chars progressent rue des Tisons, passent devant l'église de Montsort et s'arrêtent sur la place du 103e régiment d'infanterie. Dans la nuit du petit matin du 12 août 1944 et dans le silence absolu, le général Leclerc prend personnellement et symboliquement possession du pont Neuf entre le départ et la relève des troupes ennemies. Alençon est la première ville de France continentale à être libérée par une armée française.

Le général Leclerc s'assied sur le parapet du pont Neuf et donne des ordres pour l'occupation des autres passages sur la Sarthe.

C'est vers 11 heures du matin, le 12 août 1944, que Bernard Châble prend ce cliché du général Leclerc sur le pont Neuf, près de son poste de commandement installé à l'actuel n° 31, entouré de militaires et discutant avec des civils.

Rue de la Chaussée, des prisonniers Allemands, encadrés par des soldats de la 2e D.B., sont emmenés au château pour y être emprisonnés.

La 2e D.B. traverse Alençon. Dès qu'un arrêt se produit dans le convoi, les Alençonnais grimpent avec enthousiasme sur les véhicules et donnent des poignées de mains aux soldats que les jeunes filles embrassent. Le maire Charles Chesneaux, au premier étage d'un magasin de la Grande Rue (ci-dessus), salue les libérateurs. Même les plus rudes ne parviennent pas à dissimuler leur émotion. Ce sont quatre années de souffrance et d'angoisse que la 2e D.B. du général Leclerc efface.

L'audacieuse manoeuvre du général Leclerc permit d'éviter le bombardement de la ville, qui avait été programmé le 12 août à 10 heures par les alliés, afin d'écraser l'adversaire. Dès que les Alençonnais eurent conscience du malheur auquel ils avaient échappé, une immense gratitude envers leur libérateur gonfla leurs coeurs. Les habitants d'Alençon n'ont pas oublié ce qu'ils doivent au général Leclerc et à ses soldats et témoignèrent leur reconnaissance en participant massivement aux cérémonies commémoratives de la libération de leur ville, notamment celles de 1945 et de 1947 honorées par la présence du général.

A l'occasion du 1er anniversaire de la libération d'Alençon, le général Leclerc est accueilli, le 12 août 1945, place de la Pyramide (place du Général de Gaulle depuis le 21 mars 1947) par le maire Charles Chesneaux.

Ce même jour, le général Leclerc qui porte la plaque de Grand-Croix de la Légion d'honneur que vient de lui offrir la population d'Alençon et qui contribuera à l'identification de son corps lors de son décès, vient d'inaugurer l'avenue qui porte son nom depuis le 27 février précédent. Aux côtés du général, on reconnaît Robert Lécuyer, préfet de l'Orne et Charles Chesneaux, maire d'Alençon. En arrière-plan messieurs Barbier et Loth.

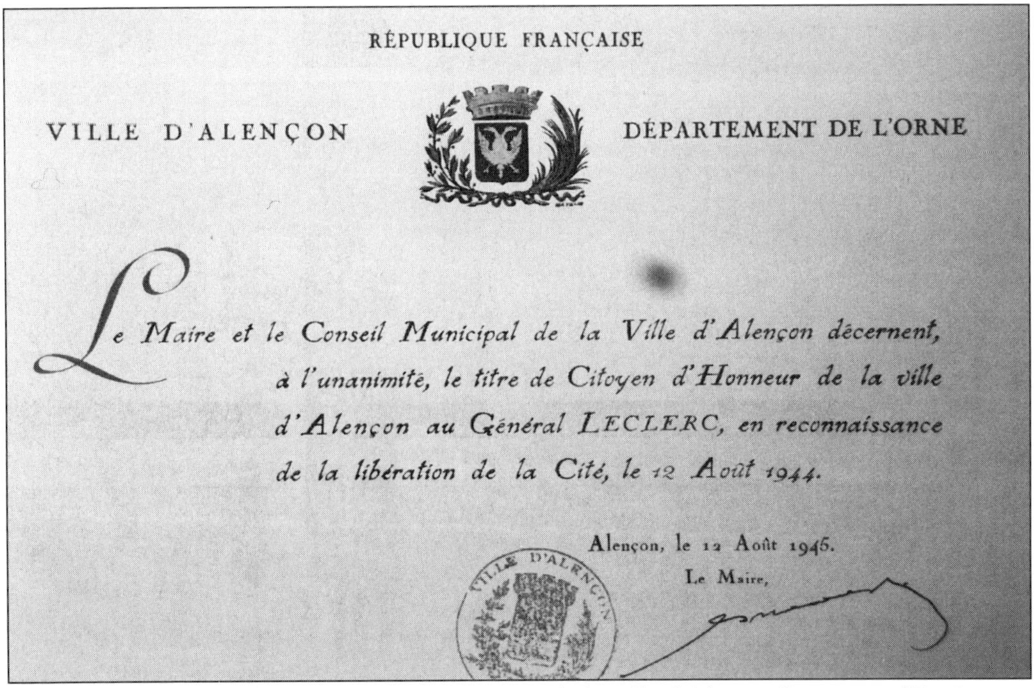

RÉPUBLIQUE FRANÇAISE

VILLE D'ALENÇON — DÉPARTEMENT DE L'ORNE

Le Maire et le Conseil Municipal de la Ville d'Alençon décernent, à l'unanimité, le titre de Citoyen d'Honneur de la ville d'Alençon au Général LECLERC, en reconnaissance de la libération de la Cité, le 12 Août 1944.

Alençon, le 12 Août 1945.

Le Maire,

Diplôme conférant le titre de "Citoyen d'honneur de la ville d'Alençon" au général Leclerc.

Lors du 3e anniversaire de la libération d'Alençon, le 10 août 1947, le général Leclerc prononce une allocution place du Général de Gaulle.

Frénétiquement acclamé par la foule sur le chemin de l'hôtel de ville, le général Leclerc est rejoint par le général de Gaulle qui prononce un discours. A l'issue de celui-ci, la foule s'écrie "Vive de Gaulle!" et surtout "Vive Leclerc!" Les acclamations à l'égard de ce dernier furent telles qu'il s'excusa auprès du général de Gaulle qui paraissait agacé d'obtenir moins d'ovations que le libérateur d'Alençon!

C'est le 27 février 1945 que le Conseil municipal d'Alençon décide d'ériger un monument en l'honneur du général Leclerc. Mais le projet est ajourné d'année en année et il faut attendre avril 1968 pour qu'il soit repris. Il s'agit d'une statue en bronze du général, réalisée par monsieur Arbus, adossée à un grand livre de pierre portant les grandes dates de la 2e D.B. et dont la charnière est en forme de croix de Lorraine. L'inauguration a lieu le 15 mars 1970 en présence de M. Duvillard ministre des Anciens combattants et victimes de guerre, Madame la Maréchale Leclerc, le général Jacques Massu, Jean Lucchesi préfet de l'Orne, Jean Cren maire d'Alençon et une foule d'autres personnalités.